經濟學的尋常巷陌

江小魚 著

www.cosmosbooks.com.hk

書　　名	經濟學的尋常巷陌
作　　者	江小魚
責任編輯	宋寶欣
美術編輯	楊曉林
出　　版	天地圖書有限公司
	香港皇后大道東109-115號
	智群商業中心15字樓（總寫字樓）
	電話：2528 3671 傳真：2865 2609
	香港灣仔莊士敦道30號地庫／1樓（門市部）
	電話：2865 0708 傳真：2861 1541
印　　刷	亨泰印刷有限公司
	香港柴灣利眾街德景工業大廈10字樓
	電話：2896 3687 傳真：2558 1902
發　　行	香港聯合書刊物流有限公司
	香港新界大埔汀麗路36號中華商務印刷大廈3字樓
	電話：2150 2100 傳真：2407 3062
出版日期	2019年6月 初版・香港

目　錄

第四卷 趣：生活背後的經濟學

第五卷 雜論：經濟學並不神秘

為小魚序

　　跟其他自然科學一樣，經濟學是一門有公理性的實證科學。既然是公理性，經濟學既可以事前作推斷，也可以事後作解釋。經濟學的公理只有三項：一、需求定律——即是價格下降需求量一定上升；二、成本是最高的代價；三、在社會凡有稀缺必有競爭，而競爭要有決定勝負的準則。嚴格地說，經濟學的整體就是那麼多，簡單而又正確地申述用不着十分鐘。有趣的是，今天能掌握這三項公理的經濟學者鳳毛麟角，好些西方的大學索性不教了。

　　想當年，我學得很苦。沒有任何其他學子曾經像我當年那樣，獲得多位大師的悉心教誨，而二十世紀下半部的經濟學大師我差不多全都認識。有這樣的際遇，我還是要在升為大教授之後苦思幾十年才能對上述的三個公理基礎感到有舒適的掌握。

　　這就帶到一個有趣的問題：經濟學是否一定要在大學選修過呢？奇怪的答案是不一定！經濟學鼻祖斯密就沒有在大學修

過經濟，無師自通，他對上述的三項公理掌握得好！跟着的天才如李嘉圖、密爾、馬克思等高人也稱不上是選修過經濟學。近代的經濟學大師中，我歷來拜服的戴維德只有一個不是經濟學的學士。科斯只讀過一個商學的學士，而他的主要導師阿諾德‧普蘭特怎樣看也算不上是經濟學高人。我自己的主要導師阿爾欽雖然出自名校斯坦福，但他的幾位導師，今天看，一律少見經傳。

由大學主理的經濟學課程是什麼時候開始的呢？雖然在新古典之前歐洲某些大學有教經濟學，但正規的「專業」大學課是起自一八九〇年英國劍橋的馬歇爾出版了他的《經濟學原理》。那是一部偉大的巨著，有系統而且很全面。雖然馬氏對經濟學理念的掌握遜於密爾，但他推出的經濟學的整個架構來得那麼完整，理論的天賦來得那麼明確，一時間他的巨著就成為大學教材的中流砥柱。另一方面，馬氏重視解釋現象與假說驗證，雖然從我這一輩達到的水平看，馬氏的驗證操作不到家。

馬歇爾是新古典經濟學的中心人物，而在同期有幾位新古典大師的天賦不遜於他。加起來約一掌之數，他們把新古典經濟學搞起來。所謂「新古典」，主要是引進數學微積分的邊際

分析，從而把競爭與個人爭取利益極大化提供了一個有均衡點的理論。可惜這均衡理念後來誤入歧途，跟物理學的均衡掛上了鈎，導致另一方面的災難。大部份的經濟學者到今天還不知道，經濟學的均衡不是真有其事，而是指一個分析有了足夠局限條件的指定，可以推出足以驗證的假說。

在經濟學中，牽涉到均衡分析的數學對推斷或解釋現象是有幫助的，但絕不湛深。深奧的是局限條件的引進、驗證假說的推理與現象細節的考查。漠視這些而把數學方程式弄得複雜高深，可以協助發表學術文章，或升職，甚或獲取諾貝爾獎，但不能協助我們知道真實世界究竟發生着些什麼事。這解釋了為什麼像戴維德、科斯、阿爾欽、德姆塞茨等人基本上不用數，而他們在經濟學的貢獻是遠超方程式寫得密密麻麻的那一群。

這就帶到另一個關鍵問題。要以經濟理論解釋世事，我們首先要知道真實世界是怎樣的一回事。自然科學——如物理、生物、化學——有他們的實驗室。經濟學呢？實驗室是我們日常生活的世界。不要相信這些年興起的以人工炮製出來的「行為」實驗室那類經濟學。要以經濟理論解釋世事，我們首先要知道真實世界是發生着些什麼事。

從經濟科學的角度看，我們每個人每天都在觀察這門科學

的實驗效果。問題只是觀察的人一般沒有試圖解釋，或沒有想到經濟學那邊去。實情是，任何人類的行為，或任何人類行為帶來的效果，皆可用我在前文提到的三個經濟學公理作推斷或解釋。

這就帶到我在這裏為之寫序言的江小魚這本書。據我所知，在大學時小魚選修的不是經濟學，但這些年他喜歡讀我寫的那套《經濟解釋》。不易讀，但他讀了幾遍。小魚對世事的觀察多而雜，一般有趣，而他是用上《經濟解釋》的基礎思維，試作解釋。解釋得對嗎？我可沒有細心地衡量過。然而，經濟解釋這回事，初學的人用不着多管是對還是錯。重點是嘗試，而在解釋的過程中從事者最好是朝着有趣的方向走。

科斯曾經幾番對我說，我們今天認為是對的理論，到了明天有很大機會會被認為是錯。是的，就是施蒂格勒認為是二十世紀最重要的經濟學思維——科斯定律——一九八二年我指出在基礎的重點上是錯了：沒有交易費用不會有市場，所以他的定律可以說是全軍盡墨！然而，科斯定律可沒有因為它的大錯而成為廢物。正相反，因為科斯的錯我終於成功地解釋了為什麼會有市場。我要用上二十多年的時間才想出為什麼會有市場的正確解釋。

二○○八年，在芝加哥，我那個拿得兩個博士名頭的兒子問科斯，説自己作生物研究，很苦悶，不知自己將來會發展為怎麼樣的一個研究者。科斯回答，説：「不要管這個問題。你不斷地走下去，説不定會一腳踏中重要的貢獻，我的一生就踏中過兩次！」

　　我自己就是這樣在經濟學問上行來行去五十多年。比科斯幸運，我踏中過多次。沒有科斯那麼幸運，我踏中的沒有他的那麼重要。説不定，有朝一日，我的多次踏中加起來會比科斯的兩次加起來重要。這是將來寫經濟思想史的學者的判斷了。

　　江小魚這本書顯示着他也正在行來行去。繼續下去他也有一腳踏中的機會。是有趣的嘗試，繼續下去會有不枉此生之感。是成是敗是另一回事。

張五常
二○一八年一月三日

為小魚序

自　序

　　大學畢業前後的幾年，我隨大溜讀了不少文史哲方面的書。始終是一些零碎知識，難以形成體系，而且容易受價值觀的影響，有些甚至是「越讀越糊塗」。直到接觸了經濟學，多了這個分析工具，眼裏的世界才慢慢清晰起來。觀察到一些現象，下意識地會問「為什麼」，而不是像以前那樣先做價值觀或道德上的評判。

　　和我們小時候讀的《十萬個為什麼》這類自然科學的問題不同，經濟學方面的問題都和人有關。貨車為什麼普遍超載？外商為什麼要驗廠？人們為什麼會在宴會上點吃不完的菜？出租屋的水電收費為什麼會比普通住宅的貴？左思為什麼不收取《三都賦》的版權費？能收看 TVB 的廣東地區觀眾為什麼無法看到原來的廣告？山邊的泉水為什麼不收費？醫生為什麼會濫開抗生素？……對這些問題，道德論者會有一套答案，而經濟學的答案是另一套。

　　既然經濟學和人有關，就避不開政府。人們經常把對改

善社會的美好願景寄託在一些政策的實施之上。比如，通過勞動法案來提高最低工資標準、增加勞動者的帶薪假期、制定最嚴格的食品安全標準、用反壟斷法約束卡特爾、保護消費者……這些政策在公眾眼裏普遍是正面和善意的，他們以為能夠憑此保障或增加大多數人的權益。而經濟學的分析，直指其非，如同一個總是站在公眾的對立面破壞美好願景的「惡人」一般。

　　至於經濟學對這個社會是否真有影響力則另當別論。中國傳統讀書人多有張橫渠「為天地立心，為生民立命，為往聖繼絕學，為萬世開太平」的抱負，更願意賦予經濟學「經邦濟世」的功利性闡釋。但偉大如諾貝爾獎得主弗里德曼，擔任過兩任總統非正式顧問，親自主持電視節目向公眾宣傳自由市場並普及經濟學知識，他晚年時還說自己的影響力為零。這並非故作謙遜之語，而是源於對這門學問的深刻認識。人們對自然科學容易取得共識，但經濟學分析的是在約束之下人的選擇行為。除了這門學科本身的困難之外，更有錯綜複雜的利益集團有不同的訴求，「共識」何其難也。

　　經濟學雖然沒有改造社會的功效，但對增進個人邏輯思考能力、拓寬思維卻是大有助益的。梁任公初讀龔定庵文集，慨

嘆「若受電然」。讀經濟學，我雖後知後覺，苦思冥想之後也有過多次豁然開朗若受電然的感覺。這裏與大家分享一二。

首先是科斯定律。科斯定律的一種表述，是說產權明確且交易費用為零，資源的初始配置不影響使用效率。就是這樣一句似乎非常籠統的話，是我初讀經濟學的最大障礙。翻來覆去看原文，也看過不少人的轉述和分析，依然感覺似是而非。我覺得最主要的關卡是價值觀的影響。從一開始囫圇吞棗讀下，慢慢琢磨，到終於有一天不知怎的腦子如觸電般，忽然就轉過彎來了。

其次就是費雪的《利息理論》。這本格言比比皆是的書，雖有陳彪如先生的上佳譯本，但並不容易懂。收入、利息、財富、投資等術語，在費雪那裏，構成的是一個邏輯非常嚴謹、清晰的體系。資產的價值，是未來收入流的折現。投資是消費在時間軸上的權衡。每個人存在不同的不耐度（即時間偏好），他們通過市場交換，最終時間偏好在邊際上相等，形成了利率。釐清這些，一片明晰，喜難自禁。

可以說，反覆揣摩科斯定律，一個人就不容易再滑進道德觀、正義論的泥沼裏，也不容易受到奧地利學派的一些無政府主義、先驗主義觀點吸引。而理解了費雪的《利息理論》，知

道利息不過是提前消費之價，就會洞悉所謂的「剝削論」的觀點錯在哪裏。

無論是科斯定律還是費雪的《利息理論》，我和大多數人一樣，都是從張五常教授的書中接觸到的。而我的經濟學啟蒙，正是來自他早期的書，例如《捲簾集》《中國的前途》《再論中國》《賣桔者言》等。這種獨特的經濟散文，談天說地甚至詩詞歌賦之中夾雜學問，讓沒學過經濟的人也讀得進去，不知不覺中接受產權、交易費用、市場等概念。

至於《經濟解釋》，更是洛陽紙貴，一劍霜寒。可以說，這本著作已經產生的以及將會產生的影響力，怎樣高估都不為過。武斷的假設，簡單的理論，容不得邏輯上的一點塵埃，面對複雜世界抽絲剝繭，無論解釋還是推斷皆讓人嘆為觀止。而書中有關成本、租值消散、擠迫理論、倉庫理論等的分析，更是星漢燦爛，異彩紛呈。

記得第一版《經濟解釋》面世後，我根據網上的資料製作了 CHM（一種已編譯的 HTML 文件）格式的電子書，流傳甚廣。一次張教授在某大學講學，有人拿我這個版本打印出來的書找他簽名，他打電話來「興師問罪」，當然是開玩笑的。倏忽十許年，《經濟解釋》從三卷變成了五卷，我則從當年「非

法編書」，到如今參與編輯五卷本，可謂躬逢其盛與有榮焉。這次編輯，歷時經年，斟字酌句，有疑問的隨時請教，也有了更深一層的理解。

大概從 2007 年開始，我相繼為多家報刊雜誌撰寫經濟專欄，持續了七八年。本書內容主要來自這幾年的專欄。在此期間，我還在企業從事 IT（信息技術）管理，看到企業主的經營殊為不易，也看到了企業和客戶、供應商之間以及內部管理各種合約的精彩，對何謂「真實世界」多了不少認識。

囿於專欄篇幅、體例和閱讀對象，這些文字並非嚴謹的學術研究，多從時事或身邊事入手，試以經濟學理論做解釋。時間跨度多年，有不同的理解層面，疏漏難免。但寫這些文字時，「成本」「交易費用」「合約」等詞在我的腦中揮之不去。

近幾年多次有出版社相邀，主要是自己的疏懶，沒心思去整理文字，最後都不了了之。直到高小勇老師有一天用微信發來信息，說正與出版機構策劃叢書制度性推廣「經濟學帝國主義」，邀我「入夥」。他多次督促，有「考拉看看」的策劃，終能順利成書。

感謝張五常教授為本書寫的序言。在經濟學的尋常巷陌

裏行來行去，東張西望，我並非奢望會踩中什麼，或者期待有「萬一談經引到渠」的幸運，而是覺得這本身就是一件有趣的事吧。

江小魚

2018 年 1 月 9 日

第一卷

吃：
飯碗裏的
經濟學

人們為什麼喜歡「浪費」？

觥籌交錯的宴會過後，不少菜餚基本沒動過就白白扔掉了，盛宴最後變成了「剩宴」。這是媒體不時熱議的浪費現象，而國家領導人也在不斷公開提倡勤儉節約精神，反對舖張浪費，有人大代表進而建議應該制定防止浪費的法規。媒體採訪農業專家袁隆平時，他也認為我國人多地少，好不容易提高了單產，但卻被浪費，故此建議政府出台法規，把浪費當成犯罪來處罰。

傳統認為勤儉節約是美德，那麼浪費就屬於道德範疇的問題了，甚至有時候連道德問題都算不上。因為不可能有固定的標準定義浪費，唐代人有詩云「一叢深色花，十戶中人賦」，「金樽清酒斗十千，玉盤珍饈直萬錢」，從某種角度來看，這些都是浪費。你一個人住 200 平方米的房子是浪費；十幾萬元就可以買到的代步車，但你卻花了 200 萬元，這也是浪費。張五常教授有一次演講談到房屋空置率問題，有人提問說一些人有幾套房子，空置率高是浪費，如何解決？張教授半開玩笑地反詰：「唐玄宗後宮佳麗三千，你說這是浪費嗎？」

有一個廣為人知的笑話，一個飢寒交迫的窮人發誓說如果日後自己富裕了，就天天吃肉包子，而且吃一個扔一個。這個笑話的一些隱含內容其實被忽略了，在現實中不存在有錢就希望浪費的人。窮人如果真有錢了，就算他要扔包子，也一定是要扔給別人看，讓人不再小看他，他不會一個人偷偷在家扔。在局限下爭取最大利益，這是經濟學的核心。而媒體所報道的盛宴變成剩宴，當然也不會是故意浪費。這裏的原因，就是經濟學所說的約束條件。

我們在內地影視作品當中見過這樣的場景：一群人吃飯，菜點得很多，飯後爭着買單，服務員問是否打包，買單的人慨

然説不需要打包，但回到家後念念不忘那條沒動過的魚。這其實就充分説明這些人不是真要浪費，而是希望別人更看得起自己，也就是俗話説的要面子。而傾向於過量點菜的，以政府和商業招待居多，家人吃飯，極少有這樣浪費的。一些公款吃喝、供應商招待客戶的宴會最容易出現浪費，網上所報道的例子也大多屬於這些場合。這些場合，主人寧願多花錢，也不願意得罪客人。

另外，傾向於多點菜也和中餐飲食模式有關，大家吃的都是同一隻碟子的菜，但西餐分菜而吃，各點所需，每個人的食物需求都在點菜的時候公開，單個人基本很少點遠超過自己食量的食物。而中餐不同，一般宴會場合，主人是不可能餐前逐個問人「你有幾成餓，要吃多少塊雞肉、多少排骨、多少青菜」的，也就是説，要知道每個人對食物需求量的信息成本是很高的。故此，主人一般會取需求的最高值點菜，「不夠吃」是大忌。我還記得有一次母親過生日，在故鄉的飯店請了兩三桌親友吃飯。我量人點菜，後來菜基本都吃完了，我本來挺高興，但家裏人回去後卻跟我説應該多點一些菜，沒有剩菜被視為沒有面子的事。

而飲食習慣還有一個因素也導致人們不願意打包，那就是

很少使用公共餐具。某些地方如果有人提議用公筷甚至會因此得罪人：你要用公筷是不是懷疑我有健康問題？雖然一起吃喝時貌似豪爽不羈，但私底下卻還是會揣摩食物被夾來夾去不乾淨，因此不浪費食物要求打包的需求變少了。而市場經濟發達人們收入普遍高了，文明程度也會提高，如今大城市的宴會使用公共餐具的現象慢慢增加了，市場經濟越不發達的地方，就越講所謂的面子。

人都是趨利避害的，你看到的是某方面的浪費，看不到的是為了更大的利或者規避更大的害而不得不為之。關鍵是存在着信息費用。飯館每天要倒掉不少食物貌似浪費，然而你不可能精確預知，每天的顧客人數是多少，在某個價格之下他們對每樣食物的具體需求又是多少。由是觀之，袁隆平先生認為要用法律去管束浪費是越界發言了，所謂「浪費」是用者自負，不應付諸法律層面進行討論。如果說公款吃喝最容易引起浪費，那麼法律要管的不是浪費而是腐敗。

泉水**免費**背後

大城市有大城市的好處，小城市也自有小城市的便利，而容易找到一處口感上佳的泉水，泡茶做湯皆可，無疑是其中一項了。我所住的小區傍山而建，山腳處有一泉眼，水質清澈甘甜，本地村民一直使用，並在泉眼處打了一口水井，加上蓋子、水管，保護水源。

來取水的人越來越多。平時我們一般晚上去，經常八點多還有不少人，是時天朗星稀，蟲聲交織，陸續有人來，有的排

隊等候，有的看人多轉身而去。夏天水流較大的時候，即便人多，等候時間也不會很長。到了冬天，因為水流大為減少，排隊的現象就更為明顯了。

從出門到取水回家，花費了一個半小時，朋友笑說，這水也太貴了。於是我便想這樣一個問題：泉水有價，排隊無期，為何不收費？比如，村民可以一桶水（按照 30 千克標準）收 2 元，不負責送水，只在一旁收錢。按照現在的水流速度，大概測算了一下，裝滿一桶水需要 10 分鐘左右，一小時 12 元，一天上班 10 小時。考慮到如今免費取水，中間也有兩二個小時水是白白流掉的，收費後人少一半，大概能收 50 元左右。顯然，這種收入並不具備多大的吸引力。

另一種辦法可以完全消除排隊現象，那就是成立一個礦泉水企業，對礦泉水進行滅菌處理，送水上門，每桶 10 元。然而，要符合資質，投入資金不少，並且也增加了信息費用，不一定能賺回利息，因為市面上的桶裝水也 10 元左右。但目前該行業眾所周知的潛規則是水源多取自自來水。許多人寧願自己來排隊取水，就是要確認自己取的是真正的山泉水。一旦送水上門，信息不對稱的可能性就會大增。

免費供水，村民並非沒有得益。如今來取水的人多了起

來，而周圍不少菜地，也是用山上流下的泉水灌溉。此處泉眼，無疑成為廣告，即便價格稍貴，順便來這裏買新鮮水果蔬菜的人也有不少，農民把菜運到市場銷售前就可以直接賣掉一部份，不但節省了運費和時間成本，售價還稍高於市場。而不久前，因為通向菜地和泉眼的小木橋要改成水泥路，有村民拿着本子，向取水者募捐修路，10元即可，多多益善，大多數人不好意思拒絕，這也是收入。

這種產權基本明晰下的非價格競爭制度安排，並非反市場的，也並非所有排隊現象都是由於政府的價格管制造成的。有人一看到排隊現象，就認為是無經濟效率的，這失之偏頗。排隊是價格之外的一種競爭規則，人們也不會無限期地排下去，他們會自己調整時間，在人少的時候來取水。

有一個類似的例子是血液供給的制度安排。華盛頓大學的巴澤爾教授曾經論述過為何獻血的質量高於賣血的質量。因為血液質量的檢驗費用較高，通過市場購買血液，更容易帶進病毒。有這樣一句話，「當慷慨大度給自己帶來的好處明顯優於斤斤計較時，就靠自願的慷慨來決定資源的配置」。獻血者一般帶有道德上的優越感，他們知道自己身體健康才會去獻血。因此，社會就傾向於鼓勵人們義務獻血。

當然，必須考慮約束條件的變化，巴澤爾寫作該書的時間，距今已經超過四十年，血液質量檢驗技術也今非昔比，並且單靠獻血也難以應付血液的需求，所以如今很多地區都是鼓勵獻血和收購血液制度同時存在。

同理，如果我平時取水的這個泉眼，未來一天出水量大增，水質不變，具備一定的規模，免費的泉水很可能就此結束，因為收費送水會更具有效率。

經濟低迷期的福利改善之道

　　許多人都有這樣的經歷，去探訪久違的朋友，或者有朋自遠方來，皆不亦樂乎。這個時候，作為主人，予以款待一番是自然，只恐禮數不周。我們便見識慣了「魚肉滿桌、宵夜直落、不醉無歡」的景象。杯盤狼藉之餘，話沒說多少，最後各自半醉歸去。

　　結果可能是這樣：客人很可能並不喜歡這種過於隆重的招待方式。如果可以自己選擇，寧願幾碟簡單的小菜、一杯清茶

暢談一番。然而，每每主人總是恐怕招待不周，客人惟恐辜負了對方的盛情，都不願意說出自己的意圖。雙方出於好意，而最後的結果並不能增進雙方的福利，其實是陷入了困境。

這和眾所周知的「囚徒困境」起因不同，但結局一樣。囚徒困境指博弈雙方為了爭取各自的利益而導致雙方利益受損，總效益最低，是一種低效率的博弈均衡。而這種朋友之間的相聚引來的困境，我們不妨稱為「德拉—吉姆困境」。這個詞來自歐·亨利的一個短篇：德拉為了籌錢給丈夫吉姆買聖誕禮物，賣掉了自己一頭漂亮的長髮，買了配丈夫手錶的白金錶鏈。與此同時，吉姆卻私下賣掉了心愛的金錶，為德拉的長髮買了一把漂亮的梳子。

小說的男女主人公的愛情固然感人，然而從另一個角度來看，他們珍愛對方，為了尋求對方效用的最大化，私下行動，但最後的結果卻是雙方的福利都受到損害。在博弈理論中，有一個稱為性別戰（Battle of Sexes）的博弈和德拉—吉姆困境有些類似。

有熱戀之中男女，男喜歡去書店，女喜歡去逛街。會有四種不同的選擇：男看書女逛街、男逛街女看書、男女一同去逛街、男女一同去看書。因為他們是熱戀男女，所以雙方願意待

在一起，願意溝通，故此最後會有兩種最優選擇：一起去看書或者一起去逛街。經濟學家把這種選擇稱為納什均衡（納什是1994年諾貝爾經濟學獎得主之一，影片《美麗心靈》的原型），即博弈各方都不能因為憑自己的單獨行動增加收益，這個策略組合就是納什均衡點。

德拉和吉姆所面對的困境，本來是非常接近性別戰博弈的。無論德拉給吉姆送錶鏈還是吉姆給德拉送梳子，都是最優選擇，次優選擇是互相都不送聖誕禮物，而最差的選擇則是小說所寫的。德拉和吉姆陷入的困境，並非無法解開，關鍵在於「溝通」二字。

想起此前一位朋友告知的事。他和幾位同事到外面吃飯，酒酣飯飽之後，大家爭着買單，這位朋友最後勝出。回去之後覺得有些不對勁，費用似乎偏高了，而後來他和同事談起，他們都說當時就覺得偏高了，而大家這個時候都不好意思仔細看賬單，都搶着付款。可以猜測，一些不太誠實的餐館收銀員，當發現一群人爭着買單時，他們會認為這群人對價格不敏感，作弊的可能性就會增大，多收的部份可以裝進自己的口袋。事實上，不少人現實中的經驗也印證了這一點。

還有一種情況，一群朋友週末可能會一起打打球，吃吃

飯，結賬的時候會爭着買單，從較長的一段時期看來，每個人買單次數其實相近，他們雖然沒有約定，但基本是輪着買單。然而，因為每次是一起吃飯，其中某一個人心裏有數，今天到自己買單了，為了面子，故此偏向點過多的菜。這樣下來，這群週末聚會的朋友，大多數情況都是點了根本吃不完的菜。

這幾種情況，其實都可以稱為德拉—吉姆困境。解決的唯一辦法，在於「溝通」二字。

搶着付賬的人，不妨給錢之後仔細核查賬單。週末聚會的朋友，不妨設立一個共同的賬戶，平時一起消費時就用裏面的錢，用完了大家再湊錢。這些行為都有助於增進大家的福利。在全球經濟普遍處於低迷狀態的今天，突破困境，尋找均衡，無疑具有較大的現實意義。

雲吞麵能救市嗎？

前幾年，時任香港特區政務司司長唐英年偕同政府官員到街市吃雲吞麵。當時聖誕、新年雖即將到來，但在全球金融危機的衝擊之下，經濟低迷，失業率攀升，市場消費能力疲弱。唐司長帶頭消費的良苦用心顯而易見。

有意思的是，唐司長解釋這次購物之旅選擇雲吞麵店作為首站，是因為雲吞麵是香港的特色食品。他更以雲吞麵為例，指出製造雲吞麵涉及多個工序，包括物流及零售，他呼籲香港

人在能力所及的情況下適量消費，以便促進經濟增長，保障就業。

關於廣東省地道小吃雲吞麵的製作流程，其實還可以說得更仔細：農民收割小麥，送到加工廠，小麥經過搭配、清理、水份調節和研磨篩理等工藝流程，製成麵粉。餐館採購麵粉、雞蛋、豬肉、鮮蝦仁等原料，採購員、廚師、廚工等分工合作，製作雲吞皮，包好餡料，熬好上湯……一碗雲吞麵才告完成。要想贏取顧客，煮出來的雲吞麵要香味形俱佳，雲吞皮要薄，湯料要新鮮，整個過程不許有差池。

是的，一碗雲吞麵，的確如唐司長所言關涉廣泛，甚至可以說涉及了人類生產鏈條的許多環節。完全可以把這個流程再細述一次，一本書也不嫌多。然而，如果我們僅是為了明白「一樣簡單的商品很可能包含了生產工藝的多個方面」這個道理，有了里德的 *I, Pencil*（我是一支鉛筆）一文，這個工夫可以省了。倫納德·里德於 1958 年發表的這篇經濟散文，以鉛筆的生產流程為例，敍述了市場自然分工與合作的偉大。

如同倫納德·里德說的，鉛筆從頭到尾，涉及多種材料，無數種工藝，然而「並沒有一個主宰者來發號施令，或強制性地指揮生產我的這無數的生產活動。一點都沒有存在這種人物

的跡象。相反，我們發現，看不見的手在發揮作用」。「鉛筆是種種奇蹟的複雜的結合：樹、鋅、銅、石墨等。然而，在大自然所顯現的這些奇蹟之外，還有一個更為神奇：人的種種創造精神的聚合——成百上千微不足道的實際知識，自然地、自發地整合到一起，從而對人的需求和欲望做出反應，在這個過程中，竟然沒有任何人來主宰！」

消費者購買鉛筆，不是鼓勵人們說「鉛筆涉及各行各業，多消費鉛筆能夠促進經濟發展」，而是他們真真切切有用以寫字或者塗鴉的需求。那麼多人投入到生產一支小小的鉛筆的工藝流程，不是有什麼「號令群雄」的倚天劍、屠龍刀，而是市場需求的信息激勵了他們。

如果現在有人告訴你，多吃雲吞麵能救市，不妨問一下他，是否該用買鉛筆的錢去吃雲吞麵，那樣豈非救了「雲吞麵的市」卻放棄了「鉛筆的市」嗎？這人可能會說，雲吞麵和鉛筆都應該增加消費。也就是說，原來一星期用掉一支鉛筆，一天吃一碗雲吞麵，現在為了刺激經濟，增加就業，拯救市場，不妨一天用掉一打鉛筆，吃掉一桶雲吞麵，買上幾十套衣服，再搭乘十次出租車，坐兩次飛機，去醫院多看幾次病。豈非就能貨如輪轉，各行各業都生意興隆通四海嗎？誰都知道，那是

浪費，而非消費！當然，有人還會辯解說「現在表面上的浪費，是為了拯救市場，增加以後的消費能力」。面對這樣語無倫次的人，你不妨把他狠揍一頓，然後告訴他這樣是幫他鍛煉身體，提高挨打的能力，以後再被打就沒那麼痛苦了。

　　在「救市」「刺激經濟」「增加就業」這些帶有所謂的「宏大的題材」的詞彙面前，我們很可能會缺失一些最基本的認知和邏輯推理能力。這個時候，必須回到常識的起點，明白一個簡單的道理：鉛筆是用來塗鴉的，雲吞麵是用來充飢的，無關「救市」的宏旨。

醫生為何濫開抗生素？

在次貸危機爆發期間，英國「全國衛生與臨床學會」出台了關於抗生素藥品使用的規定，按照規定如非必要，醫生一般不得給患有輕微耳道感染、咽喉炎、感冒、咳嗽等病症的患者開具抗生素類藥品處方，取而代之的是建議患者回家休息或服用止痛片。

事實上，英國相關機構出台的新規，是和醫生習慣濫開抗生素有關的。不可否認，抗生素自從出現以來，已經挽救了無

數生命，人類平均壽命也因此大幅度提高。然而，人們也因此過於依賴抗生素，例如 2007 年英國醫生就開出近 4,000 萬個抗生素處方。

眾所周知，濫用抗生素容易使病菌產生抗藥性，不少患者患有嚴重疾病時因無法得到有效治療而死亡。既然眾所周知濫用抗生素的後果，醫生為何仍樂此不疲呢？

主要的原因是抗生素導致的抗藥性在短期內並不那麼容易被觀察到，加上患者希望盡快減輕病痛折磨的心理，故此雖然醫生的專業知識告知他濫開抗生素的後果，然而在面對細菌感染時還是首選抗生素。

並非沒有特例。在與珠三角地區相比還算是窮鄉僻壤的家鄉，我父母所在的小區，一般人有頭痛發燒的小病，常會去住在這裏的一位醫生開的私人診所看病。而這位醫生對抗生素藥物的選用就比較慎重，不會隨意給患者開服。他會把濫用抗生素的後果告知患者。

我們知道，英國建立了覆蓋全國的國民健康保障制度，醫療機構分為社區診所和醫院，一般的病情人們會到社區診所求醫，而需要急診或者社區診所無把握的疾病，才到醫院去。當然，大部份是免費的。

家鄉那位醫生，醫術可能並不比英國社區診所的醫師高明。但他對抗生素態度的慎重，卻明顯超過英國的醫師。有理由相信，英國社區的醫師，盡快治好患者的心情會比我家鄉那位醫生要急。因為英國社區醫生工作地點流動性比較大，如果醫生治癒率高，就容易升到正式醫院做醫生。可以說，英國社區醫生是對某次病患負責，他所要解決的僅僅是一次孤立的病痛。

我家鄉那位醫生是從國有企業的衛生站出來的，私人診所已經開了近十年，平時找他看病的多是相識已久的鄰里，他會更注重長期口碑的積累。這種制度的差別無疑會造成這位私人診所的醫生比英國社區醫師更注重患者的長期健康。

濫用抗生素實際上是一個全球性難題，這其實也和醫療體制有關。相對其他行業而言，醫療行業普遍會受到更多的限制，政府干預的色彩也更為濃厚。英國有關機構希望通過一紙新規來進行監管，但這不一定會比本人家鄉那家私人診所有效。

食品安全「高標準」的成本

　　此前，國家食品安全風險評估中心一位主任助理關於食品安全的話使他成為關注的熱點。在接受媒體採訪談及食品安全標準制定時，他說要考慮國情，除了保護自己的健康外，同時還要促進整個食品行業的健康發展。「舉一個簡單的例子，如果大家都拿歐盟的標準來要求北京空氣質量的話，那天天都不合格。」

　　在微博上有不少人炮轟這位主任助理，認為他為偽劣產品

張目、罔顧食品安全，我卻認為他是一位有責任感的公務員。有道理的話不一定受用，要在口頭上討好民意是再容易不過的事了，這位主任助理大可以說，我們要制定全球最安全、最嚴格的食品標準，要嚴厲懲處不符合標準的企業，要堅決維護消費者的權益。人們愛聽這樣冠冕堂皇的話，卻忽視了高標準的實際成本。

市場對商品質量的需求是千差萬別的，也在不斷變化。有人需要錦衣玉食，有人但求三餐一宿。即便同一種原材料，因產地、級別等不同，價格可以相差幾倍甚至數十倍。市場因人的不同需求而細分，例如奶粉，有全脂、脫脂、低脂、高鈣、低鈣等類別，還有因地區、年齡、體質而不同的配方。也就是說，其實競爭可以促進市場細分，形成自發的行業標準。

官方標準一般情況下也是參考市場實際情況而制定的，但如果為了迎合民意抬高標準，市場信號會受到嚴重干擾，甚至增加事故。這不是聳人聽聞，2008 年的三聚氰胺事件，其原因就在於牛奶檢測標準中的蛋白質含量定得過高，而我國奶牛養殖業多是小規模散養戶，牛奶的蛋白質含量不穩定。農戶為了達到標準，想方設法提高蛋白質含量，最後導致添加俗稱為「蛋白精」的三聚氰胺。

而 2010 年國家實行新的《生鮮乳收購標準》，把每 100克生乳蛋白質含量下限從 2.95 克降到 2.80 克，菌落總數上限已經改為每毫升 200 萬個。可以說，這是一種糾錯行為，糾正以前不切實際的標準。但「全球最差標準」「世界乳業之恥」「不如白開水」的激烈批評鋪天蓋地。

民眾和媒體似乎有一種畫餅充飢的癖好，認為標準高了，市場產品質量就會提高，而降低標準則是鼓勵劣質產品盛行。要知道可沒什麼標準規定一碗鮮蝦雲吞麵裏鮮蝦的數量、大小和質量，這樣是否就等於鼓勵商家選用劣質蝦製作雲吞麵呢？那樣做他們很快會被市場拋棄，因為消費者有用腳投票的權利。實際情況是商家總在千方百計提高質量希望贏得顧客青睞，一次意外質量事故在眾口相傳之下足可以導致門庭冷落。

標準的管制其實是價格管制的一種模式，因為在其他條件不變的情況下，提高標準等於要求商品降價。在價格管制之下，人們的支出不會減少，只不過是通過其他代價來彌補：排隊、關係、權力大行其道。同理，標準要求過高的最大用處，是增加了官員尋租的空間，促進了所謂的「潛規則」盛行。

道理很簡單：既然大多數商品難以達到標準，大家都是違規者，那麼企業的生殺大權就掌握在官員手裏了，他可以名正

言順地走進任何一家企業進行查處。故此，大多數潛規則的盛行，一般是既有規則不合理的結果。過高的標準要求，其實是鼓勵企業在賄賂官員而非質量改進上耗費更多的財力。

這點不妨看看孔子評論子貢和子路做好事的極具智慧的話。《呂氏春秋》記載，子貢在國外贖回了自己的同胞，不願意去領取應得的報酬，孔子批評他說，你這樣開了個不好的頭，導致其他人以後不敢領取報酬了，但同時也不願意贖回同胞了。而子路救了溺水者，對方送了一頭牛給他作為酬謝，子路坦然受之，孔子聽了很高興，說以後見了溺水者誰都會去救的。

孔子的高明，是明白把道德標準定得過高，大多數人做不到，這樣反而不利於社會整體道德水平的提高。同理，過高的食品安全標準，大多數企業難以企及，產品質量低劣的企業更願意通過賄賂手段取得符合標準的證明，而只願意耗費財力提高食品質量的企業反而會因為不符合標準而被淘汰，總體的食品安全其實是降低而非提高了。

誰在搶奪新生嬰兒的「第一口奶」？

　　中央電視台曾報道過一些奶粉企業為了搶佔市場份額，用盡手段，比如購買孕婦名單、通過醫院代售奶粉或者是派送奶粉樣品、印發含有奶粉品牌的宣傳疫苗手冊、通過贊助學術會議模式籠絡醫生，甚至賄賂醫生和護士給初生嬰兒餵自家品牌的奶粉，搶奪新生嬰兒的「第一口奶」。

　　媒體的不斷跟進引起了不少人特別是年輕父母的震驚甚至恐慌。隨後有消息說南京一名新生兒父母因為看了第一口奶的

相關報道，為了等母乳，堅持不肯讓孩子吃配方奶粉，導致嬰兒 18 個小時滴水未進出現脫水高熱症狀，危及生命。「第一口奶」真有那麼可怕嗎？

雖然母乳餵養的好處醫學界早有共識，但是配方奶粉依然是確保嬰幼兒能有足夠營養的最好替代品。如果母親本來營養不良，或因為身體狀況、時間原因難以提供母乳餵養，配方奶粉便是嬰兒最好的營養來源。而且醫學實驗也證明嬰兒從一個奶粉品牌轉到另一個品牌，或者從奶粉轉到人奶其實並不困難，並沒有證據表明「第一口奶」會使嬰幼兒產生依賴。

既然所謂的通過「第一口奶」使嬰兒對其品牌奶粉產生依賴之說基本屬於無稽之談，為何奶粉企業還要樂此不疲地在醫院花費那麼多的財力物力呢？實際上，這是再正常不過的廣告營銷行為。婦幼醫院是嬰幼兒集中地，在這裏聯繫家長、進行產品宣傳既方便，也具有規模效應，他們會降價銷售甚至給家長免費贈送產品。

如果他們是在街頭贈送，那麼很多人會排長隊去領取，也不會有人覺得這樣有什麼問題。怎麼場合換到了醫院，就變成了居心叵測的陰謀呢？實際上，我一個朋友的小孩兩年前在婦幼保健醫院出生，當時就有奶粉廠商主動聯繫，隨後一直到

兩歲斷奶這段時間斷斷續續收到他們免費提供的多罐奶粉，奶粉廠商每隔幾個月就打電話詢問情況，沒有令人生厭的推銷行為。

醫院每天有不少嬰兒出生，並非所有嬰兒的母親都能隨時提供母乳。醫院本身會配備奶粉，這當然是再正常不過的事了。不僅如此，紙尿布、奶瓶等其他嬰兒物品也要配備，醫院對孕婦和嬰兒健康負責，他們會使用山寨廠家生產的不合格產品嗎？通過報道我們也看到，在醫院宣傳產品的基本是大品牌企業，他們希望通過家長的口碑相傳而進　步擴大產品的知名度。

至於奶粉企業為何不直接和醫院談判達成合約宣傳其奶粉品牌，而是要間接籠絡和收買醫生、護士，我想其中一個重要原因，就是相關的法規對此有管制。現行的《母乳代用品銷售管理辦法》明確規定，生產者和銷售者不得促銷母乳代用品，包括降價銷售、贈送產品、禮品、樣品，以及產品展示、積分回饋、發放產品宣傳資料等，而醫療衛生及有關機構也不得向孕產婦、嬰兒母親及其家庭成員宣傳、展示、推銷或者代售母乳代用品。另外，由於目前多數大醫院的公立體制問題，醫院管理者屬於政府委任，他們的目標不一定和醫院租值最大化方

向一致。服從上級命令，不違反政策法規是他們首要關心的，至於是否能通過協助奶製品企業宣傳為醫院賺取一筆收入，就不那麼重要了。

我們都知道，一項重大體育賽事，運動員會穿着某品牌服裝，使用品牌運動器材，球衣、運動鞋、球拍……無不如此，這是因為商家和球隊或者運動員個人簽訂了一攬子合約，球隊和運動員賺取收入，商家達到宣傳產品的目的。而由於法規約束，醫院卻不敢和奶製品企業達成使用和宣傳品牌的協議。奶粉企業和商家只好把宣傳行為從「地上」改到「地下」了，從直接和醫院簽訂合約轉到私下賄賂醫生、護士來宣傳品牌。故此，「第一口奶」並不如想像中那麼可怕，而宣傳母乳餵養的重要性和允許醫院有權利為嬰兒的父母選擇奶粉品牌是可以並行不悖的。

中儲糧林甸直屬庫大火**燒出**體制弊病

　　幾年前黑龍江省中儲糧林甸直屬庫的一場大火，造成了嚴重的經濟損失，也反映出我國糧食儲備的體制弊病。無論是從儲備量還是儲備率來看，我國糧食庫存數字都是驚人的。目前包含小麥、大米、玉米在內的糧食總儲備已經高達兩億多噸，佔了年均糧食總產量的四成左右。

　　惹來祝融之災的這個糧庫，核定容量為七萬多噸，但實際庫存接近十五萬噸，遠遠超過庫容能力，並且還在繼續接收

糧食，隨意堆放在地上。究其原因是中央財政按千克計算每年給予補貼。據統計，中央財政每年對糧食企業補貼高達數百億元，此外還有中央儲備補貼、地方儲備補貼、超儲糧補貼也高達數百億元。

人們習慣用水庫來比喻糧倉，平時收納雨水，遇到乾旱季節則開閘抗旱。實行糧食儲備的目的，是保障糧食安全，平抑過大的糧價波動。當糧食價格漲得較快時，就放出供應市場，平抑糧價。然而，在國企經營模式下，人們容易看到好處，卻忘記了更大的成本。

根據 2011 年初的統計數據，中儲糧系統擁有六百多個直屬糧庫。建造和維護這些直屬糧庫的成本是高昂的，例如廣州曾通過糧食儲備庫點升級改造實施方案，三年內投入八億多元巨資拆建改建儲備倉庫。

另外，糧食並不適合久放，存放過久會降低品質，甚至變成只能做飼料用途的陳化糧。而龐大的儲備，每年因為存放過期而損失的糧食總量絕非小數。在管理不善的情況下，工作人員為了牟利讓陳化糧流入市場的事故時有發生。

國企的管理弊病也增加了權力的尋租空間，貴州省畢節地區一個儲備庫主任私下和經營菜籽油的朋友達成協議，按照每

噸 9,600 元的價格購入，但賣給儲備庫的合同價格卻高達 1.3 萬元。而小麥、大米、小米也採取相同的做法，低價購入，高價賣給糧庫，差價入袋。短短三年時間，貪污三百多萬元，並且這並不是孤例。2011 年，中儲糧周口直屬庫主任攜上億元公款潛逃。糧倉太大，碩鼠難消。

在談及糧食儲備的體制弊端時，總有人以這是關係到國計民生的大事來辯解：民以食為天，糧食是生存的基礎，因此必須通過國家管控。這其實是計劃經濟思維，還帶着備戰備荒的時代印記。在全球化的今天，商品流通達到前所未有的程度，很少有不依賴其他國家地區產品而完全自給自足的了。當然，即便有，我們也不願意效仿。退一萬步來說，即便和某國發生戰爭，其他國家和地區的物資交流也不會中斷，沒有任何一個國家和地區能控制糧食資源。

而且，糧食並不如想像的那樣缺之不可，肉食、水產品甚至蔬菜、水果等都是替代品。現在人們外出吃飯，酒宴之間，吃米飯和麵食的少了，這就是一個例證，因此現在更多的糧食是用來再加工的。選擇多了，人們在其他途徑的蛋白質等營養成份攝入足夠，就可以減少糧食的消耗，在這個含義上晉惠帝那句已經淪為歷史笑柄的名言「何不食肉糜」其實是有道理

的。

回顧過去，我們曾經有過更加嚴厲的管控政策。那時候，城市居民糧食定量供應，去糧店買糧食需要糧本，我還記得小時候隨家人去糧站糴米時裏面工作人員傲慢神氣的表情。從1993年開始，糧食經營和價格放開，糧站已成陳跡，不會再有人說沒有糧站就沒糧食吃了，並且買糧食的支出佔總收入的比例也越來越小了。

從真正的糧食安全角度來看，我們恰恰應摒棄這種規模巨大的國家糧倉。平時我們家裏不會只保留一頓糧食，糧商也一樣，他們會根據季節、根據物價來儲存一定量的糧食。有人說他們會囤積居奇，刻意拉高糧價。但要知道，市場逐利者無數，競爭之下，沒人能控制糧價，並且現代糧食期貨制度也有助於拉平不同時間的物價波動。故此，由分散於市場無數個逐利的商家儲存和供應糧食，則天下無處不糧倉，糧食供應也會更安全。

買柑者言

秋冬之季，正是柑橘上市時。市售柑橘品種繁雜，大多每斤兩元左右。而廣東省江門市的新會柑尤其惹人注目，一個週末，在江門市農產品價格最為相宜的水街市場，我以每斤 3 元的價格買了幾斤新會柑。

3 元一斤，相比起來已是貴柑，但對新會柑而言，這是市場最低價，因此很可能是外地種植的新會柑品種。因為本地柑地頭收購價為每斤 5 元左右，質量好的梅江一帶的大紅柑最近

幾年賣到 10 元一斤甚至更貴，而且早已經訂購一空。

本來買柑橘，當然是用來吃的，不能吃或者味道不好，那是吃虧了。數百年前劉伯溫寫了一篇《賣柑者言》，「杭有賣果者，善藏柑，涉寒暑不潰。出之燁然，玉質而金色」。就是因為善於保管，「柑不改色」，人們爭相高價購買。劉伯溫買柑後卻發現裏面乾若敗絮，於是乎慨嘆一番「空有其表」。

我買回的新會柑，皮色青黃，果肉偏酸，糖分不足，口感不如只售一兩元的其他柑橘，不知情者或會作劉伯溫式感嘆。然而，這卻是「表錯情」了。因為我所購買的嚴格來說並非柑橘，而是柑皮，柑肉不好吃是我事先知道的信息。新會柑這兩年價格漲幅大，主要原因是陳皮價格的高漲。

柑橘皮曬乾放置至少三年才成陳皮，而其中新會陳皮被認為正宗和優質，是粵菜系重要配料之一，亦可入藥。市場上賣新會柑的攤位，一般同時以三種形式出售：整柑、柑皮、柑肉。整柑 3 元一斤，柑皮 18 元一斤（當然，這是質量較次的柑價）。而柑肉則是兩三斤裝一個袋子，一元一袋，買者寥寥。事實上，地頭的新會柑也大多數是農民僱人現場剝開，丟棄柑肉，只取柑皮，最近幾年常有八成以上柑肉被丟棄的新聞報道。僱人手工剝皮日工價六七十元，如此算之，淨柑皮會多了勞動成本。

一個柑橘，柑皮重量佔了五六分之一，而曬乾後只剩下1/4左右。3元一斤的柑橘，柑皮賣18元一斤，所值全在柑皮之上。按推算20-25斤柑可以製1斤陳皮，如今新會柑製成陳皮起價已經超過150元，質優的價格更高。不計時間和人力耗費，反推到柑橘之上，每斤至少要6元。但如今的陳皮，是幾年前的柑曬成的，那時柑價不高，故不會虧本。現在花費10元甚至更高的價格購買新會柑製陳皮的人，是對幾年之後陳皮的價格有信心了。

我讀大學的時候，也就是20世紀90年代中後期，買柑時偶爾會有本地人說皮不要丟棄，可以曬乾做陳皮。記得當時單買柑肉價格會比整買便宜三成左右。2003年，柑價1元，新鮮柑皮賣兩元左右。2006年，柑價1.5元，皮賣6元。如今兩者的比例已經達到6倍了。

新會柑如今口感的確不如從前了，究其原因，是1996年、1997年前後出現過大面積的柑橘蟲害，地方農科所和農民為了增強抗蟲害能力，將所有衍枝新會柑樹種與檸檬樹根進行嫁接，這導致柑橘的形狀和口感都有變化。農民當然會知道後果，但面對蟲害，新會柑種植面積從早期十多萬畝大幅滑坡至1996年的六七百畝，棄肉取皮應該是高明的策略。這如同某

處忽然發現有金礦，雖然上面風景差強人意，但成本是比較出來的，和金礦的價值相比起來，風景變得「不值錢」了。

新會柑以會城梅江、茶坑等地周圍土質為佳，售價高達10元一斤，而其他地方的價格減至一半。也就是說，土質優良的原產地，每斤新會柑所附的土地價約值5元，按照一般畝產2,000斤來算，一畝的土地租值是一萬元了。而這些地方位於會城之郊，面臨土地作為工業甚至商業用途的激烈競爭。城市半徑慢慢擴大，很可能用以種植柑橘的優勢會蕩然無存。未來優質新會柑很可能不復存在，新會柑種植會轉向土地更便宜的農業區域，質量也大概和我買的這種一樣了。

蛛網模型與生豬養殖

　　有一段時間，農產品價格從原來的高位持續走低，從「菜貴傷民」轉到了「菜賤傷農」。有的農民在微博上推銷賣不出去的蘋果、土豆，雖有媒體相助引發廣泛關注，然而解決問題的畢竟僅屬個別，地區性的農產品滯銷仍時有發生。

　　農產品價格週期性的波動，常有人以蛛網理論來解釋。以生豬養殖為例，某個時候豬肉供不應求，價格會上漲。生豬養殖者認為有利可圖，就會增加養殖數量，於是更多的人進入此

行業。但因為從豬崽到可上市，需要一段時間，這段時間投入資源不斷，但因價格信號遲緩，最後生豬上市時因供應大增導致價格大跌。願意去養殖的人就減少了，到了下一個週期，又導致供不應求。如此循環，形成因供應和需求曲線不同斜率而呈波動、收斂或發散的蜘蛛網狀圖形，這是「蛛網理論」名稱的由來。

命名來自 20 世紀 30 年代新劍橋學派代表人物之一的尼古拉斯・卡爾多教授，曾經大行其道，許多人熱衷用來解釋週期性的價格波動。蛛網模型的一種推論認為既然市場存在這種缺陷，如果人們都簡單地根據某個時候的價格來決定下一期的生產量，那麼政府干預就是必須的，通過政策指導能夠降低物價波動風險。

到了 20 世紀 70 年代，批評的聲音逐漸增多，理性預期學派批評這種模型忽略了決策者的理性預期作用。蛛網模型所表現的實際上是一種靜態預期，忽略了人的主觀性和市場的變化，僅僅用靜態的變量作為參數。理性預期學派認為，人們的決策並不會這麼簡單，他們會綜合考慮各種因素而做出市場決策。而政府對市場的反應不可能如市場參與者那樣及時、主動，也不會了解更多的信息，由此而來的干預必定無效。順便

說一下，諾貝爾經濟學獎得主托馬斯·薩金特教授便是理性預期學派的領袖人物之一。

就生豬養殖而言，雖然從豬崽到上市銷售需要一段時間，但天下養殖戶非常多，更加上各地的情況不同，他們並非步調一致來調節養殖。如此之多步調各異、千差萬別的市場活動，豈能用幾個參數來推測？

幾年前豬肉的價格也波動過，先揚後抑，市場上的豬肉四五塊錢一斤，在很多人都感嘆養豬虧本的時候，我的一個親戚卻有意去養豬。他說現在價格這麼低，沒人願意養豬了，應該是進入的好時機。這個親戚並沒有高學歷，只有小學文化。他僅憑簡單的常識推理，已經足可推翻蛛網模型的理論基礎。世界上有很多「斤斤計較」的聰明人，他們各自不同的判斷會拉平價格波動。

蛛網模型成立的最基本的條件是本期的生產數量取決於上期的價格。也就是說，週期性的生產，某個時期價格高了，進入的人多了，下一個週期的產出會增加。我覺得至少還需增加一條：養豬的人看到價格高就一窩蜂去養豬，價格低就退出。

並非價格不會波動，但這種波動大多是難以估計的，影響的因素成千上萬。而近幾年價格上揚，卻主要是基於貨幣發行

過多導致的通脹後果。貨幣政策的寬鬆和收緊，是「價格波動」的主因，卻往往為人們所忽視，而大家矛頭的指向，不是中間商的肆意炒作，便是種植養殖戶的非理性行為導致週期性波動的蛛網模型。

政府直接干預生產的結果很可能不是緩解而是加劇了農產品價格的波動幅度。某些地區政府統一指導農民去種植或養殖，甚至規定具體品種，也要學工業那樣，打造「土豆之都」「大蒜之鄉」，殊不知工業發展一般是建立在便捷的交通基礎上的，而種植業大多在工業不發達地區，運輸和保鮮保質成本高。適逢市價高還好說，一旦由於豐產滯銷，就會出現送給人也不要的奇怪現象。事實上，地區性的農產品滯銷，正帶有這樣的政府指導特色。

肯德基的配方與**葉孤城**的傷痕

2008年，媒體紛紛報道肯德基配料秘方「搬家」。為了能安全離開戒備森嚴的總部順利運抵目的地，「搬家」當天，肯德基聘請了一批在職警察和私人保鏢，由裝甲汽車全副武裝押運這張薄紙。這些被媒體廣為傳播的細節，無不透露這樣一個信息：肯德基的配料秘方價值連城！據說那是創始人秘密調配的，並且正因為這張配方，肯德基才得以在全球擁有一萬多家分店，僅美國的店年營業額就超過50億美元。

不僅是肯德基，還有一些著名飲食品牌，也有類似神秘的配方。比如可口可樂，其配方更是越傳越神秘，保密了一百多年。然而，這些飲食品牌的一紙配方，是否真對品牌的成功有那麼大作用呢？肯德基全副武裝保護一紙配方，是害怕被人奪走從而研製出一樣的炸雞搶奪了他們的市場嗎？

古龍的小說《陸小鳳》中有這樣一個情節：不少人曾目睹葉孤城被唐門暗器所傷，後來陸小鳳等人看到平時既不愛賞花也不近女色的葉孤城，讓美女在前面以鮮花鋪路出場，就皆以為他是為了掩飾自己身上傷口發出的膿血惡臭。但是後來，陸小鳳識破了葉孤城其實是利用其替身出場，目的是轉移江湖人士和皇宮護衛的注意力，他自己跑去扶助南王世子篡位。並且陸小鳳覺察到真正受傷的是葉孤城的替身，真的葉孤城用美女鮮花高調出場，不是為了掩飾傷痕，而是為了掩飾自己根本沒有受傷。否則，替身的事很容易敗露。

虛擬的小說其實也能給現實以啟迪。實際上，類似肯德基這樣的國際連鎖企業能屹立這麼久，和其辛苦打拼的經驗積累、獨特的管理模式息息相關。而他們高調去渲染配方的神秘性，包括這麼大動干戈全副武裝去保護一張薄紙，表面看來是為了顯示其配方的價值連城，從而增強人們對其產品的信心。

實際上，很有可能，如同葉孤城美女鮮花出場不是為了掩飾受傷而是為了掩飾沒有受傷一樣，他們害怕配方洩露的根本原因，不是怕被人仿製，而是害怕配方洩露之後人們的一聲嘆息：原來秘方根本不算什麼。

　　換一個角度來看，肯德基或真或假的一紙配方，其實包含着長期的管理經驗和消費者口碑的積累，高調強調配方的神秘性和重要性，對品牌的保護與傳承是有好處的。反觀我們本土的很多老店，品牌難以發展壯大，除了和現實的制度環境有關之外，它們實在應該向肯德基、可口可樂這樣能在世界各地落地生根的企業學習一下做品牌的技巧了。

「韓風」疑案初探

近幾年，「韓風」甚為流行，特別是韓國一些影視節目的引入，更是加劇了這股韓風。我素來對韓日影視不感冒，但是，身邊也不止一次響起過這樣的疑問和驚嘆：

「有毛病啊，送禮怎麼會送牛肉？」

「主角談起吃肉，怎麼眉飛色舞的，活像白骨精說起唐僧般的神情？」

另一個可供印證的現象就是韓國人——特別是學生——來

到中國，總會成群結隊去吃肉。彷彿是被監禁十年八年剛逃出來的一般。

韓國人對吃肉如此渴求，的確會讓不明就裏的人十分費解。是的，怎麼會有這麼奇怪的事情呢？按照我們的傳統觀念，衣食住行是最基本的生活元素。吃屬於馬斯洛需求層次理論中最低級別的生理需求。而我們都知道，韓國是一個現代化的國家，其經濟發展已經可以與西方不少發達國家相比。按照 2005 年的統計數據，他們的人均收入已經超過 16,000 美元。這樣的一個人均收入超過我們十倍的國家，吃肉竟然是一個問題。發生什麼事了？

疑案初探

韓國人對肉食的這般嚮往，並不是市場上沒有肉賣，國家實行配額制。而是其價格遠遠高出國際市場的平均水平，因此即便相對收入不錯，韓國人大快朵頤一餐肉食，仍然屬於奢侈的享受。

根據韓國貿易協會貿易研究所 2006 年 11 月的數據，在韓國銷售的牛肉、土豆、蘋果、胡蘿蔔等農產品價格世界最高，

其中牛肉價格為每千克 48.09 美元，相當於美國市場價格的五倍，中國的近十倍。

按照韓國銀行發表的《2005 年國民賬戶》報告中統計的當年人均 16,291 美元的年收入，大概一個月 1,300 多美元。也就是說，韓國人平均月收入，只能購買 28 千克左右的牛肉。

是的，是價格的極其高昂，減少了人們的購買數量。在我們眼裏看來再普通不過的牛肉，在很多韓國人眼裏，卻是奢侈品。這是需求定律在起作用。

思維敏捷的人，可能很快會發出下一個疑問了：他們那裏怎麼這麼缺乏牛肉？

帶着這個問題，讓我們回顧韓國的歷史，從而看清楚問題所在，一步一步探知疑案的真相。

歷史背景

韓國的工業化和現代化的進程，應該從 20 世紀 60 年代算起，之前經濟是以農業為主。由於地理環境的局限，人均耕地只有 0.04 公頃，不及美國的 1/15。種植的莊稼，只能維持基本溫飽。是工業化給了韓國經濟騰飛的機會。20 世紀

60 年代之後，韓國大力發展工業，奉行出口導向型的經濟模式，美日等國家也給予資金和技術上的大力支持，向韓國開放市場。經過一段高速發展的時期，到 20 世紀 70 年代中期韓國基本完成了工業化。後來，成功由勞動密集型轉型到資本與技術密集型，並且造就了不少明星產業，例如電子、汽車、鋼鐵等行業，其國民總收入也從 1962 年的 23 億美元增至 2016 年的 1.41 萬億美元，人均國民收入由 87 美元增加到 2.76 萬美元。

工業化進程一個難以避免的問題就是城市和農村的差距不斷拉大，這種情況也先後發生在世界其他地區。我國自 20 世紀 80 年代開始的經濟改革歷程，也庶幾近之。城市化使大量農民進入城市，為工業化提供了必需的勞動力。相關的數據顯示，韓國農業 GDP（國內生產總值）佔全國總 GDP 的比重，從第二次世界大戰後的 50% 左右下降到 2000 年的 4%，農業就業人數在 1970 年超過整個就業人數的一半，而到 1997 年已經減少到 11%。

農業人口大量進入城市，就是因為工業的回報大於農業。農民離開家園，不遠千里進入城市，是因為那裏機會更多、收益更大。在城市化進程中，如果韓國政府能夠因勢利導，就勢

開放農業市場，使其他國家的廉價農產品進入，那麼農業不至於產生如今這麼多問題，農產品的價格也絕不會比其他地方貴這麼多。但是，韓國政府卻選擇了另外一條道路。

應該先談一下其中的政治背景。軍人朴正熙 20 世紀 60 年代奪取國家政權，開始獨裁統治，並且開始工業化道路。為了舒緩城鄉發展矛盾，韓國政府開始實施「新村運動」，耗費大量資金投入農村，改善農民居住環境，建設各類公共基礎設施。為了提高農民收入，政府給予水稻等農作物種植補貼。這些政府措施，是希望減少貧富差距，緩和城鄉發展的矛盾，但是客觀上對整個經濟體系產生了極大的副作用。

隨後，從 20 世紀 80 年代後期開始，韓國實行民主政治，政客為了拉攏農民選票，更加不遺餘力地支持他們。措施就是政府不斷提高農產品統購價格，比如大米每年都提高 4%-5%。這使韓國的米價一路攀升，正如一位韓國學者説的那樣，「從某種程度上説，韓國的大米是政治米，而不是經濟米」。最終後果是韓國大米的市場價格是美國和中國的六倍，是泰國等東南亞國家的九倍。

韓國的教訓

經濟學上有一個比較優勢的概念，解釋為什麼不同的國家、企業或人會專業生產。你幹兩樣活都比我有優勢，但是我們依舊可以交換，並且因此而互相得益。比如阿諾·施瓦辛格，肌肉發達，去擔沙抬土會贏過很多人，但是他還是去拍電影。大學教授、律師去做打字、整理文稿的雜務工作，效率不一定會輸給秘書，但是他們沒自己去幹，而是聘請了秘書。這就是比較優勢定律，需要一個自由交換的市場。

因此，莫說韓國本來就不具有農業方面的優勢，即便它的農民種田比其他國家好，但是，由於它在工業上有更大的優勢，所以完全可以通過國際貿易，通過出口工業產品來轉移更多的農業人口，取得更大的效益。

可是韓國選擇的卻是保護措施：對內不遺餘力地補貼，對外則是用重關稅限制國外廉價農產品進口。這些措施，如同建造了一個昂貴的溫室，把韓國的農業和農民罩住，造成韓國農產品價格的居高不下。這種畸形的價格相當明瞭，最終歸咎為政府的農業政策，背後是政治壓力的問題。

我們知道，正因為有市場，進一步的分工合作才會成為

可能。而近百年來科技的發展，更是深化了分工，人們得以靠自己在一個更狹窄的領域勞作，有更深的技術經驗積累，大大提高了效率。因此通過自由貿易，能夠換取越來越多的生活用品和服務，大大提高了生活質量。而交通運輸技術的提高，使自由貿易走向全球化，使全世界都融入一個大市場成為可能。正是這種自由貿易，使世界大部份地區的電子產品價格趨於一致，針對那些不斷爭取所謂權益的韓國農民，我不禁想，在他們花費幾百美元可以買到洗衣機、液晶電視、數碼相機的時候，正是得益於全球化和自由貿易，可他們為什麼讓其他人去購買幾十美元一千克的牛肉和比其他國家昂貴很多的農產品呢？所謂己所不欲勿施於人，這句話送給韓國的農民，再恰當不過了。

韓國的例子，應該能對我們有所警示，不同的政策會對國計民生有不同的影響。即便如韓國這樣已經相當發達的國家，對農業的外封鎖內保護的政策，照樣能讓人吃不起肉。

從高價特效藥看**市場**的自由

　　朋友的一位家人不幸患上肺癌，經過一段時間的手術和化療，情況有所好轉。然而不久前，病情出現反覆，為了穩定病情，要服用一種產自英國的昂貴藥物，每天一粒要數百元，這絕非一般收入的家庭所能負擔。

　　全球每時每刻都不斷地有人因為缺醫少藥而死去。人非草木，孰能無情，患者的痛苦與期待揪人心肝。不少人會感嘆生命的脆弱和卑微，也難免會質疑：有了特效藥，只要價格降到

大多數人用得起的程度，就能延長無數人的生命，資本家對生命的凋零熟視無睹，何故如此絕情呢？

市場上一套組合音響，一台大屏幕高清液晶電視，還有不少人買不起，人們容易理解這是市場規律在起作用，因為生產能力有限，只能按出價高低來分配。然而，當音響和電視換成了能救人性命的藥物時，人們的態度則有所變化，特效藥已經發明出來了，邊際成本是很低的。為何不大規模生產去救人性命？

一些人感嘆市場的冷血無情之餘，自然而然地想到了政府。例如，中國每年有高達 60 萬患者死於肺癌，若有特效藥就能讓他們多活幾年。按照現在特效藥動輒數百元一粒來計算，服用半年，需要十萬元，國家財政可以包了這筆幾百億元的費用。更甚者，各國可以組織起來，湊一筆錢給藥廠，買斷這種藥的專利權，免費供應全球。當然，除了肺癌，還會有其他癌症患者，國家乾脆包攬所有的醫療服務，大家免費看病，幸福生活，這是許多人期盼的。當然，那樣大家的收入八成以上都要交給稅收了。

如果你不願意拿出你的大部份收入去救助病患，你就應該明白這是不現實的。確實有許多讓我們無可奈何的事，包括眼

睜睜看着生命離逝。但如果國家包辦全民的生老病死，結果很可能是民不聊生。

還有一種辦法，如果我們認為藥廠的專利是讓生命消失的元兇，那麼乾脆取消它們的專利權，甚至立法要求它們交出配方，大家都可以仿製，如同盜版音像產品一樣，藥品的價格很快會從幾百元一粒變成幾元錢甚至更低，讓最貧窮的人也能負擔得起，可以立刻挽救數以千萬計的生命。

如果人類永遠止步於目前的疾病種類，不再有新病菌出現，這樣做的成本應該是最低的。然而，人類從出現至今，無時無刻不面臨着新的病毒威脅，一勞永逸地解決了今天和昨天的問題，明天的問題就會更大、更多，並且那時再也無人理會。

一種新藥的研製費用是很高的，在歐美國家往往高達數億美元之巨，並且需要相當長的一段時間驗證。當然藥廠會賺得盆滿鉢滿，然而，藥物也和其他商品一樣，會被市場拋棄，因此虧損的藥廠比比皆是。一種新藥該如何定價，我們無從得知，但如果我們干預了廠家的定價權，那麼藥品市場只會變得更糟糕。

當然，市場也並非一成不變。由於地區經濟發展不平衡，面對極為高昂的藥物價格，某些貧困地區，極少有人能支付得

起，並且患病者眾，如果能在這些地區大幅度降低價格，使更多的人能買得起，商家的收入也會增加，則無疑是一種帕累托改善。上面所說的那種治療肺癌的藥物，有原產於英國的，也有印度版的，印度版的價格便宜很多，相差八倍左右。而兩者效用基本沒有什麼區別，配方來自同一家公司。但英國版的在世界各國註冊了專利銷售，而印度版的只能在印度銷售，在其他國家和地區銷售即屬非法。

裴多菲的詩歌我們不妨借用一下：生命誠可貴，自由價更高。這裏的自由，應該視作市場的自由。我們固然可以感嘆生命脆弱無常，但同時也要明白，如果為了挽救生命，動輒希望以行政之力干預市場，那只能讓明天的生命更加脆弱和無常。

縱向協議與<u>橫向</u>競爭

　　距離 2013 年 2 月發改委給茅台和五糧液兩大酒企開出超過兩億元的巨額罰單不到半年，又傳出發改委對多個進口奶粉品牌企業進行反壟斷調查的消息。而這次調查的重點不在於常見的同類企業之間聯合定價即所謂的價格卡特爾行為，而是企業和經銷商的價格限制協議。

　　企業約束經銷商的價格，有一個專用名詞叫縱向壟斷協議，指不同生產環節的企業間達成的協議。縱向壟斷協議涉及

的行為包括價格限制、排他性銷售、捆綁銷售等。發改委的相關人士表示，經過調查，涉案乳粉企業有的對不遵守其規定價格銷售乳粉的經銷商直接處以罰款，有的則給予扣除返利、停止供貨等處罰。

因此發改委對涉案企業進行了處罰，處罰的依據是《中華人民共和國反壟斷法》第十四條。當中列舉了幾個方面，包括固定向第三人轉售商品的價格、限定向第三人轉售商品的最低價格、國務院反壟斷執法機構認定的其他壟斷協議。認為這些行為約束了競爭，抬高了商品的價格，因此最終損害了消費者的利益，破壞了市場秩序。

相對於橫向協議來說，甚至是反壟斷法的制定者也對縱向壟斷協議多少帶着幾分不自信。該法規頒佈後增加了多項例外條款：屬於為了改進技術研究開發新產品，或者為了提高質量、降低成本、增進效率、統一產品規格和標準或者實行專業化分工，或者為了提高中小經營者經營效率等情況，不構成壟斷行為。事實上，即便在這方面不乏案例的美國，近些年對縱向壟斷協議的態度也轉變了不少。

可以看這樣一個案例。Leegin 公司從事皮革飾品設計生產以及銷售業務，PSKS 公司是其最大的經銷商。1997 年，Leegin 公司推行品牌零售定價及促銷活動，要求經銷商不得以低於規定的價格銷售，否則有權停止供貨。而 PSKS 公司卻八折銷售其產品，最後導致 Leegin 公司停止供貨，並因此被 PSKS 公司告上法庭，提起反壟斷訴訟。法院裁定 PSKS 公司勝訴，後來上訴，法庭以聯邦最高法院在以往判例中一直採用本身違法原則為由駁回 Leegin 公司的請求，維持原判。

此官司打了多年，2007 年，最高法院最終撤銷上訴法院的判決並發回重審。法官認為，轉售限價某些情況下可能損害競爭，但同樣也可能促進競爭。因此不應該適用本身違法原則，而應該採用合理原則進行個案分析。這個判決，是推翻了已沿用近百年的使用本身違法原則審查生產商控制價格的先例。

企業對經銷商的價格約束行為，包括固定售價和限制最低售價，其實本來屬於司空見慣的市場合約的一種模式。試想一下，如果企業不是通過經銷商代理而是直接自己經營，或者直接僱用經銷商來經營商品，價格定多少是吹皺一池春水關卿何事了，為何通過經銷商代理就構成壟斷嫌疑呢？

關鍵一點是縱向協議受到橫向競爭的約束。奶粉企業何止百家，競爭無處不在。奶粉企業的定價策略當然是從最大化

品牌租值的角度着想。在競爭約束之下，它不可能隨意抬高價格，否則隨時會被市場淘汰。除非你同時還相信奶粉企業互相勾結組成價格卡特爾的故事。

過去外國奶粉的漲價是因為多宗安全事故後，國內消費者對國產品牌失去信心，轉求其他，這也導致浩浩蕩蕩的港澳甚至國外購買奶粉的浪潮。再加上國家提高了奶粉進口門檻，口岸檢驗嚴格，進口嬰幼兒配方奶粉實施批批檢驗。本來需求量大增，再加上管制的加劇，價格上漲就理所當然了。

發改委的調查結果如何先不說，但更令人擔心的是媒體和公眾對反壟斷法的迷信。如果奶粉企業因為價格問題被處以高額罰款，那麼降低質量標準、採用簡單包裝甚至選用一些價格較低的奶源等措施就會成為較優選擇了。一旦進口奶粉也發生類似三聚氰胺這類質量事故，造成群體恐慌，國內的爸爸媽媽們要去火星買奶粉嗎？

第二卷

住：
不可承受
之重

無底薪和零地價

有一次，和一位同事談天說地，偶爾談及他即將畢業的女兒，正面臨選擇工作的苦惱。他的女兒想進入一家外資保險公司，要從無底薪的業務員做起，這在同事看來，無疑是非常不理智的，他希望女兒去找一份安安穩穩的文員工作。於是矛盾在所難免，同事的臉上寫着女兒不理解他良苦用心的失望。

保險業務員與一般文員，兩份工作有不少區別，其中一點是薪酬模式不同。辦公室文員收入相對穩定，而保險從業人員

收入變動幅度會較大，底薪會很低，甚至是零。而薪酬模式包括固定工資、獎金、分紅、計件，或者是其中的組合。比如企業招聘文員、清潔工人、流水線工人，主要採用的是固定工資制；招聘非流水線工人、外銷業務員等，則主要採用的是計件或分紅模式；其他很多服務行業，如酒店、餐飲、保險等，多採用底薪加提成模式。這些我們習以為常了，雖然多數人是知其然，不知其所以然，但至少不會有什麼訾辭。與此相比，較早前被媒體炒得沸沸揚揚的「零地價」事件，就沒有這麼幸運了。

2007年，某著名地產商競得湖南省張家界市一塊面積一千畝左右的土地，轉讓金額一億多元。然而根據知情人士提供的資料顯示，在土地掛牌出讓前，湖南省張家界市永定區政府已經與張家界高駿投資公司簽訂了「秘密」協議。協議上列明該期用地成功出讓後，大部份款項將返還，作為償還開發商對該地塊的投資款和收益及對該地塊公共建設配套和基礎設施建設的投入。

媒體連篇累牘的報道，聚焦在地方政府是否存在賤賣土地，並且在房價高漲、新晉中國首富這些背景之下，更具有新聞效應。作為地方政府來說，通過引入地產大鱷，改善投資環

境，帶動經濟發展之意也很明顯。根據媒體的報道，我們也知道批出去的那塊地，是張家界風景區保護規劃之外的一個緩衝區，「在當地人眼裏，它沒什麼好，只是丘陵地區偏僻的荒山」，這句話傳遞出來的信息是，這塊土地原本價值並不大，如果沒有影響風景區的景觀，並且經過了環境評估，那麼用以建造酒店、發展地產問題不大。

如果當地政府與房地產商的合同換了一個模式，先由地方政府自己花錢把土地平整好，搞好「三通一平」，再賣給地產商，很可能媒體和公眾會更容易接受。比較這兩種模式，一種是政府花掉一兩億元去搞好公共建設配套和基建工程，再以一億元的價格賣給地產商。另外一種是一億元賣地，再花費一億元，請地產商自己搞好公共建設，哪一種模式更合算呢？

我們實在應該問一句，為什麼市場會選擇目前這種由地產商搞公共建設設施的模式？某些情況下，由政府去搞基礎建設，再吸引商家、企業進入，而非各顧各的，這樣更能體現規模優勢。但是，我們不能忘記土地所在的地理環境，以及該地產商的發展模式。本人也曾見識過該地產商的一個本地項目，「三通一平」工程是他們自己搞的，兩年時間，就把兩三個雜草叢生的山頭建設為一個本地最大的樓盤項目。而張家界市的

這塊土地，正是離市區十多公里的一個山頭，之前沒有其他商家進入，當然也沒搞過公共建設工程，一切是從零開始。因此，路燈安置在哪裏，供水、排水、供電等管道、線路應該如何鋪設，才能更配合建築工程的實施，等等，這些內容如果都是由政府來搞，不一定適合地產商自己的要求，成本明顯會增加很多。

初入行的保險從業人員，會面臨沒有底薪只有提成，或者是較低的底薪加部份提成的薪酬選擇。很顯然，這是因為僱主對他的信息掌握得不夠，因此以提成來激勵員工，並且針對這些員工也需要一個時期的培訓。比如我同事的女兒想進的那家公司，就有三個月的免費培訓。這不正和地方政府通過返還部份地價，請地產商自己搞好公共設施建設的模式類似嗎？我們同樣可以視為員工把本有的底薪支付給了保險公司，購買培訓教育。而保險公司是比其他人更清楚員工需要哪些業務教育的，我們完全可以推測出由保險公司培訓的費用肯定少於員工自己到市場上購買培訓教育所支付的費用。

我的同事最後還是尊重了女兒的選擇，她得償所願進入了保險公司。未來如何，我們無法預測，但是，重要的一點，正

因為我們無從知曉她的興趣、抱負與夢想，所以實在不應該越俎代庖替她選擇。而零地價事件卻沒有這麼幸運，媒體在大肆評頭品足零地價的危害時，實在應該捫心自問一下：你們是否比那塊土地上面的人更為關心他們的選擇與未來？

從經濟學角度看
《中華人民共和國物權法》

　　歷經七審的《中華人民共和國物權法（草案）》獲得通過，無疑會因其象徵性意義載入史冊。

　　《中華人民共和國物權法》界定市場物品的歸屬，規範物權人的權利和義務，通過立法形式確立物權概念，為經濟發展和市場秩序提供保障。不少學者從政治、法律、文化角度分析了《中華人民共和國物權法》的意義所在和深遠影響。而從經濟學角度看《中華人民共和國物權法》，又能給予我

們什麼啟示呢？

物權的實質是權利的界定

所謂物權，説的正是私有產權，因此《中華人民共和國物權法》就是一部關於權利界定的法律。

不要想當然地認為權利的界定是一件很簡單、很容易的事。你在某小區買了一幢別墅，顯而易見，你有權入住，也有權轉讓給別人，有權佈置裏面的家具擺設，有權選擇自己的室內裝修風格。但你同時會受到一系列的約束：你不能改建、加高別墅，不能在花園裏搭竹竿晾曬衣服，你甚至不能把外牆塗成奇怪的、和周圍不協調的顏色，你不能半夜在室內高聲喧譁。這一切的原因是你周圍有不少和你類似的人，權利的界定就是把你的權利和其他人的權利劃分清楚。你在家中高聲喧譁，會影響鄰居的安靜權。大家的權利難免有所衝突，權利的界定就不是那麼簡單的事了。

而近些年頗受公眾關注的一些事情，比如業主和開發商、物業管理的衝突，可謂越演越烈，觸目驚心。矛盾出現並擴大的原因，在很大的程度上是因為合同條款不明確，而原有的法

律對守約者的保護和對違約者的懲罰欠缺力度，導致違約成本太低。同時，我認為，立法對權利進行界定，應該謹慎為上，特別是涉及價格管制的，更應慎之又慎。因為處理得不好很可能適得其反，干擾了市場而非保護了市場。以下就土地調控和小區物業管理的例子予以分析。

土地調控裏的價格管制

為了控制建設用地增長速度過快，修正各地工業用地低成本擴張現象，2006 年國家頒佈了《國務院關於加強土地調控有關問題的通知》，這是繼 2004 年《國務院關於深化改革嚴格土地管理的決定》出台後政府對土地政策的又一次重大調整。內容包括工業用地必須採用招標、拍賣、掛牌方式出讓，其出讓價格不得低於公佈的最低價標準。低於最低價標準出讓土地，或以各種形式給予補貼或返還的，屬於非法低價出讓國有土地使用權的行為，要依法追究有關人員的法律責任。

顯然，從經濟學角度來看，這次土地調控本質上是一種價格管制行為，也就是對土地產權屬性的限制。常見的價格管制是管高，也就是限制商品價格不能高於某個數字，例如歷史上

美國對汽油價格的管制、中國香港對房屋租賃的管制。而土地調控政策裏的價格管制和最低工資類似，是管低。然而，一個地區，因為地理位置的不同（甚至僅僅是一路之隔），地價差異可能會很大。對土地價格的管制，對那些地理位置不好的土地，實際上是削減了其發展的機會。其原理和最低工資是一樣的：最低工資政策的意圖是希望能保護底層工人，然而實行最低工資政策，企業就會減少對原來收入低於最低工資的工人的需求，他們將比以前更難尋找一份可以養家餬口的工作。道理很簡單，既然法令一定要至少1,000元月薪僱人，原來經驗較好、效率較高的工資是1,000元，沒經驗的新手工資是600元甚至更低，實施這樣的制度之後，反正至少要給1,000元，僱主為什麼還要僱用那些沒有技術經驗的工人呢？那些人本來是可以賺600元的，但是現在他們失業了。

土地的道理也一樣，那些因為地理位置的劣勢，市價在最低限價以下的土地，本來可以通過價格的優勢吸引投資，但因為最低地價限制，而把投資拒之門外了。同時，由於這些本來可以進入市場的土地被限制了，導致土地供應量減少，所以會抬高地價。以長三角地區為例，數據顯示，2006年土地宏觀調控政策出台之後，該地區地價大幅上漲，一些工業項目承受

不了而遷出該地區。地價上漲，企業的生產成本增加，消費者將不得不為產品支付更高的費用。

物管權利之爭

近年來，業主和開發商、物業管理的衝突此起彼伏，包括物業管理公司的選擇和收費矛盾，對小區商舖、停車場、公共空間收益權歸屬問題的爭論。

為了增加談判能力，也為了緩和與物業之間日益激化的矛盾，許多小區紛紛成立業主委員會。但是，問題並沒能完滿解決，業主委員會權責未能落到實處，開發商往往處於優勢地位。一些地方還出現了物業公司和業主委員串通的現象。在沒有相關的法律之前，地方政府為了緩解雙方矛盾，試圖出台一些地方性法規來規範市場行為。例如上海市人民政府 2005 年就曾經公佈《上海市住宅物業分等收費管理暫行辦法》，對住宅物業服務收費實行「菜單式」管理，將物業服務劃分為「綜合管理服務」「公共區域清潔衛生服務」「公共區域秩序維護服務」「公共區域綠化養護服務」「共用部位、共用設施設備的日常運行、保養及維修服務」五項。每個服務項目再按服務

內容、服務要求和設施配備等情況分為五個等級，每一個等級都有相對應的收費標準最高限價。

上海市政府通過的這個專門針對物業管理的暫行辦法，也是一種價格管制，和土地調控的管制恰恰相反，它是管高。但是由政府對物業管理進行定級，把本來屬於市場的定價權，部份讓渡給政府，約束了市場雙方的靈活性，並且很可能會引發其他一些問題（例如行政權力尋租），不可不鑒。而幾度修訂的物權法也一直讓業主翹首以盼，希望能為他們的權益提供法律保障。最後終於表決通過的《物權法草案》也因此專門設置了一整章共 14 條細則，對業主建築物的所有權做了區分。

許多業主可能都會有這樣的想法，希望通過法律硬性規定小區內的停車場、舖位等收益屬於業主。然而，這樣的想法未免失之偏頗。兩個其他條件完全一致的小區，區別在於一個小區事先規定車位要收費，另一個送車位；一個小區商舖租金歸開發商，另外一個歸業主。我們有理由相信，這兩個小區的樓房價格會不同。因為消費者在買房的時候，如果能夠事先知道舖位、車位的歸屬，那麼他心中的出價是不同的。

在市場中，我們也可以見到絕大多數的合同會寫明舖位、車位收益歸屬開發商。不要下意識地就認為這是開發商對業主

的剝削，這很可能是市場雙方的合約選擇結果。因為多數人會認為，由開發商去銷售舖位、車位，會比全體業主去做成本更低，且效益更高。如果規定停車位產權屬於業主，就需要投票來決定誰應該佔有哪一塊地，佔多少。業主人數眾多，投票成本會很高。但如果規定產權完全屬於開發商，開發商如果取消停車場，在上面蓋樓房，恐怕很多人也接受不了這種結果。這種情況的處理需要智慧。《中華人民共和國物權法》對此的處理是，車位應該首先滿足業主需要，由雙方通過出售、贈送或者出租的方式約定。這種處理就不乏智慧，尊重市場，而又限制開發商的部份權利（不允許改為其他用途），這樣對雙方都有好處，大家都減少了不可預知的東西。

市場的選擇

既然《中華人民共和國物權法》是關於權利界定的法律，而說到權利的界定，不能不提科斯定律。科斯定律的一種表述是說權利界定是市場交易的前提。忽視交易費用，市場效率和資源初始配置無關。因為通過交易，會得到最優化的配置。例如上文的例子中業主和開發商，如果一些信息對人人來說都是

完備的，投票不需要成本，那麼車位、商舖等資源到了業主手中或者開發商手中完全都能得到最有效的運用。

然而，如同物理學上的真實世界不可能沒有萬有引力一樣，經濟學的現實世界也不可能沒有交易費用。每個人的信息都是不同的，每個人都有所專長，投票也需要成本，有時候成本甚至高得驚人，正因為存在這些費用，所以市場會有通過不同的合約選擇，來減少因為這些交易費用導致的租值耗散，從而達到產出最大化的目標。這也正是市場上各式各樣的合約存在的原因。例如企業僱用職員，如果職員的勞動能力容易鑒定，僱主就會給他們相對固定的薪酬，例如辦公室文員、清潔工人、流水線工人。對那些不那麼容易鑒定的職業，僱主偏向於給他們提成和獎金的激勵，例如計件工人、保險從業人員、外銷業務員、程序員。如果實行最低工資政策，那麼對原來按「做多少算多少」提成計算的計件薪酬合約模式無疑是一種破壞，最終對僱主和工人都沒好處，社會效率就會降低。

從另一個角度來看，物品的權利屬性也不可能得到完全的界定。因為物品可以看作多種屬性組合，同歸一人並不一定最有效率。巴澤爾教授以電冰箱為例，消費者購買電冰箱，所有權並沒有完全轉移過來，例如電冰箱廠仍然保留保修的責任，

因此廠家仍然是電冰箱某些屬性的所有者，這是因為有關這些屬性，廠家得到的信息顯然比消費者更為完備，這些屬性歸廠家比歸消費者更有效率。

　　《物權法草案》的順利通過，凸顯了國民對權利界定的重視。從經濟學的角度分析權利的界定，可以給我們一些啟示。法律的重點應該是保護市場秩序，懲處不守約者，而不是越俎代庖去制定市場規則。因為不好的規則，可能會借行政之力，破壞市場本來通過不同的合約選擇而減少租值耗散提高效率的機會，那是對市場的干涉而非保護。

土地拍賣會**抬高**房價嗎？

最近幾年，一些大城市的土地拍賣頻頻出現新地王，很多人把矛頭指向土地拍賣制度。理由很簡單，既然買地的成本高了，開發商肯定會加價銷售，最終成本會轉嫁到購房者身上。因此，價高者得的拍賣制度推高了地價，進而推高了房價。

這些言辭不時出現於報端，當然也不時出現在同事或朋友的嘴邊。我曾經試過對一位同事反駁過這種論調，但適得其反，同事認為我是故意找碴，面紅耳赤地爭辯。從此，我大多

是不置一詞或一笑了之。

但如果這樣的言辭是從一位經濟學者的口中說出，則更讓人納悶。以道德文章著稱的茅于軾先生，曾撰文認為拍賣制度抬高了房價，「土地轉讓僅僅用拍賣方式，就會把低價競爭者排除在外，這是非常不公平的」。

如果說，由於拍賣制度造成高地價，從而推動了高房價，那麼我們考慮這樣一個問題，政府把一塊黃金地段的土地白送給房地產開發商，本來可以賣 2 萬元每平方米的房子，開發商會不會只賣 5,000 元？如果對這個問題還有疑問，你不妨假設一下，自己撿到一顆鑽石，會不會認為是意外之財，成本為零，故此 2 元轉賣給他人？

並非因為土地拍出了高價，導致建成後的房子價格高企，而是因為建成之後的房子可以賣高價，所以土地也很值錢。能賣 3 萬元一平方米的房子，即便土地是送的，地產商也還是會賣 3 萬元，而非 3,000 元。用經濟學的邏輯說來就是，價格是由需求決定的，而非由成本決定的。

另一個問題是茅于軾先生支招，認為應該多搞土地招標，而非拍賣。因為拍賣制度是一個土地所有者面對多個開發商，價高者得，而招標制度則是一個開發商對應多個土地所有者。

開發商開出土地的條件，然後招標，土地所有者為了賣出土地，會競相降低價格，這樣，最終房價也能降下來。

如前所述，房價和地價並沒有根本聯繫。至於為何土地不採用或者極少採用招標制，其實是一個很簡單的問題。土地的價格和地理位置、周圍景觀等關係很大，這也是幾個大城市中心區房價動輒高達數萬元，而在郊區幾千元的原因。可能僅僅一條馬路之隔，房子價格就相差十倍，因為一邊可以看到海景，另一邊卻不能。

一些質量差異不大的物品或服務，市場會有招標。比如，一家大企業要採購一批電腦設備，可能會以招標形式進行。這是因為他們能夠制定明細的標準，可以具體到指定品牌型號。土地則不同。位置、景觀、交通、周圍環境等各有不同，如果土地不能拍賣，而要地產商自己去招標，他如果對土地的要求羅列得非常細緻，細緻到只有一處地方符合要求，那麼競標者只有一個，毫無意義。如果要求寬泛，則奪標的可能是位置景觀等評價最差的那一方，這並非開發商所願。

如果一定要改拍賣為招標，並且土地環境景觀等因素要明確，只能是這樣一種模式：政府立法規定，土地的所有者不能拍賣土地，而是要自己搞房地產項目賣房子，招標建造商，價

低者得。這種模式的荒謬，應該不須多言。

也就是說，拍賣或者招標制度，其實是面臨不同的約束條件時市場選擇的不同制度模式而已。非要干涉市場主體選擇某種模式，只能增加信息費用，無益於市場雙方。認為通過投標而非拍賣制，從一個供應方對應多個需求者改為一個需求者對應多個供應方，能夠降低地價，其實是掩耳盜鈴式的幻想。

不必總是強調房子的特殊性和重要性，房子和其他商品其實並無二致。要抑制房價的不斷上漲，只能着眼於供應。包括提供更多的土地，加快城市化進程。

公寓改群租房為何越演越烈

北京市住建委連同幾個部門發佈了一個通知，規定出租房屋的人均居住面積不得低於 5 平方米，每個房間居住人數不得超過兩人。據分析，5 平方米這個數字是根據《住宅設計規範》提及的雙人臥室不宜少於 10 平方米得來的。而這個通知的背景，是屢見不鮮的公寓改群租房現象。

群租房是指一般公寓被房東或者中介通過增加間隔隔成一個一個小房間，或者直接擺放多張床分別出租。其實類似的

法規早已有之，2010年底住建部出台的《商品房屋租賃管理辦法》，就有「出租住房的，應當以原設計的房間為最小出租單位，人均租住建築面積不得低於當地人民政府規定的最低標準」的規定。之前有媒體報道，北京市朝陽區某小區中介將200多套公寓改成群租房，其中一套80平方米兩居室住房住了25人。

群租房模式哪裏都有，例如8人、4人一間的大學生宿舍其實也是群租房的一種。而最典型的，莫過於香港的劏房。劏房一般是由年代較久的唐樓改建而成，增加間隔，分成多套10平方米左右的獨立房間分租。更有甚者，把劏房再細分成上中下三層，就變成了只能容納一個人大小的所謂「棺材房」。而近年來隨着樓市回暖，劏房更大有向新建房屋蔓延之勢。

據估計，香港共有17萬人住在劏房，而一個10平方米左右的劏房單位租金就要三四千港元。顯而易見，那些把公寓間隔成劏房的預期總租金回報是要高過整套出租租金的。另外，並不是所有的樓房都適合改成劏房，租戶不足會得不償失。間隔也不是越小越好，如果把房子間隔成一平方米的空間恐怕是沒法住人的。

群租房基本上都是在市區商業繁華之處。對租客來說，他寧願居住在狹窄的空間，因為這樣就省下了往返市區的交通

費用和時間。而這些租客大多是從事服務行業，例如超市收銀員、保安、小公司文員、餐廳服務員、快遞員等。如果不允許他們選擇更小的空間居住，他們就要住在郊區，花費兩三個小時上下班。因此，對整個市場環境來說，群租房其實拉低了當地服務行業的價格。

但同時我們更應該看到一套房子分租造成的直接權益影響。首當其衝當然是業主本身，有太多的人居住，業主提供的電器設備、家具，以及房屋牆壁、地板、管線等折舊更快，需要額外增加維護費用。然而，由於決定租戶數量的就是業主自己，所以他顯然衡量過租戶增加帶來的損耗、管理費用以及增加的租金對比。也就是說，對他而言這是一個內部性問題。

其次是同一棟樓的其他業主和住戶，租客太多，也大幅度增加了受干擾的機會。不同租客出入時間不同，有早起上班的，有夜半醉歸的，房門開關聲、喧譁聲等都會大幅度增加，而且樓道、電梯等公共設備會被額外佔用，加上房間改造，線路複雜，電力負擔也重，火災等風險也會增加。

也就是說，業主最大化了自己的收益，但是存在所謂的「外部性問題」：鄰居並沒有享受租金收益，但是卻承擔了額外的費用。也正因為如此，最反對群租房的便是這些人。政府

發佈這個通知的原因，應該有屢接住戶投訴的壓力，但這種劃一限制的做法卻是欠妥的。

首先，公寓分租人數其實受到市場合約的限制。業主在購進公寓時和開發商會有關於物業管理方面的協議，比如關於房子內部結構的規定，關於出租、轉租時對租戶的要求條款，或者雖然並沒有嚴格規定入住人數以及裝修改造限制，但要知道，契約之外的社會風俗的約束也是廣義合約的一種。一個小區多是整套居住的普通住戶，有人要間隔多套單間出租，住戶有權投訴，也會附以白眼，這些都是成本。

其次，人口高密度的群租房的形成其實有特定的環境條件。這些地方一般屬於商業圈，建築密集，市場便利，故此一般不會是新興的大型小區，例如香港劏房就源自唐樓。因為商業興旺，所以房屋租金也會被推高，業主本人的居住成本也高，一般情況下這些房子都會用於出租而不是自己居住。

劃一的面積和人數管制，是一種行政懶惰行為，忽略了市場的真正需求和現實約束。這樣幫不了那些居住在群租房的人改善居住條件，反而會迫使他們遠離市區找房子，在路上耗費大量時間和精力。進一步的後果是每個市民都會不得不承擔商品和服務價格的提高。

城鎮化的*戶籍*困境

　　國家關於城鎮化的政策動向引人關注，這幾年也推行了一系列涉及戶籍改革的政策。

　　城鎮化是大勢所趨，是改革推進的結果，而不是目標。中國長期處於農業文明時代，積累了一套關於農業深耕細作的豐富經驗，這個過程中農業人口是絕對領先的。改革初期城鎮人口佔總人口比例不到 18%，而最近 30 年走工業化之路的改革，使城鎮人口比例迅速增加，2011 年第一次超過農業人口。農

業不那麼重要了，是因為工業的輔助，根本不需要那麼多的人口從事農業了。

城鎮化的好處是聚居帶來的單位商品以及服務成本的下降。舉一個簡單的例子，快遞業正是興起於大城市。一座大樓每次很可能送一百多件貨，這就使單件遞送成本大大降低，沒人願意到幾十千米才有幾個住戶的偏遠地區送快遞。雖然很多人說夢想住在一所能看春暖花開日出日落的海邊房子，但是即便把這樣一所房子送給他們，如果沒有現代物質配備，沒有網絡，沒有快遞送貨，甚至沒有水電，他們也不願意常住那裏。

而城鎮化的推進必然會面對戶籍制度困境。長期以來，我國城鄉戶口差別涇渭分明。20世紀80年代，糧油市場還沒放開，糧店職工是神氣的職業。城市居民要靠戶口本和糧本到指定的糧店才能買到便宜的糧油，而其他人則只能買議價糧了。20世紀90年代，在不少城鎮「買戶口」還是一門流行生意。不同城市價格不同，農村戶口者可以支付每人數千到數萬元不等的費用轉為城市藍印戶口。但我所知道的買了戶口的人後來基本都後悔了，因為隨着工業發展和改革推進，一般的城鎮戶口福利越來越少了，而農村戶口因為土地的價值卻更值錢。

大中城市戶口仍有吸引力，主要是政策的傾斜，公共資

源投入較多。城鎮化以及城鄉統籌的含義，是淡化戶口的「特權」，也就是「要剝離附加在戶籍上的不公平福利」的意思。非城市戶口者，有諸多人為設置的管制，例如各種證件要回戶籍所在地辦理。這些管制應該能廢則廢，在 2012 年初國務院發佈的一項通知，就提出要放開地級市戶籍，清理造成暫住人口學習、工作、生活不便的有關政策措施，並且以後出台有關就業、義務教育、技能培訓等政策措施，不要與戶口掛鉤。

同時也需要看到，某些我們想當然地認為是戶籍特權的東西，其實已經是間接市場化了的，最明顯的是教育資源。一個眾所周知的例子，此前北京市五道口一套 37 平方米的房子售價高達 350 萬元，人們把它作為北京 10 萬元房價時代來臨的象徵。而同一個樓盤另一套 116 平方米房子售價是 700 萬元。假設房子大小不影響單價，我們很容易計算出來兩者面積之外的差值為 186 萬元。

這多出來的 100 多萬元，相當大一部份是附近教育資源的租值。這也就是所謂學區房的意思，按照目前的政策，中小學屬於義務教育階段，居民的孩子按照就近原則免費入讀公立學校。優質公立學校附近的樓房，因此增加了一筆租值。學位有價，但不允許市場交易，會通過其他途徑反映價格。但應該明

白，並非所有的學區房住戶都因此獲益，獲益的僅是開始的房主而已。後來的接盤者支付的房價包含了教育資源的租金。

如果取消居民就近入讀的權利，那麼最後接手的住戶將是受害者。城鎮化的一大困境也正在這裏。根本原因是政府管得太多了，包辦教育，資源價格不能直接市場交易，只能間接支付。貿然改變，會面對強力抵觸。一個可取的改革路徑是鼓勵更多的民間資本進入教育領域，政府逐步減少投入，以此作為緩衝。

出租屋水電費*為何*較貴？

目前，已經有不少城市開始實施階梯電價，城中村的租戶首當其衝發現電費被加價了。城中村建築一般是一棟幾層的私人樓房，分隔成若干個小套間出租，而水電收費是按照一棟樓一個錶結算的。房主再自行在各套房屋安裝獨立的電錶水錶，總用量較大，的確會受到階梯電價較大的衝擊。當然，階梯電價提高了總費用，但並不是造成分租戶價格比市價高的原因。因為在沒有實施階梯電價前，也普遍如此。

時有媒體為此打抱不平，認為租戶的水電費比政府規定的貴，這是房主對租戶的剝削。換成經濟學角度，這種觀點認為房主是捆綁銷售，已經租出去的房子，是一種壟斷，房主故意捆綁漲價了的電和水，目的是要多賺錢。因為在這個房子裏，你只能使用房主提供的水電。

真的如此嗎？我找到一個「包租婆」同學打探情況，她說水費收每立方米 5 元，電費每度 1 元，價格比市價稍高。問她為何不直接按照原價收取，她說有樓梯燈等額外開支，並且租戶基本都滴水，也是一種額外開支。所謂滴水，就是水龍頭只開一點，水一滴一滴下來，租戶水錶不轉，但總水錶會轉，累計下來每戶一個月大概額外用了一兩立方米的自來水。

而我認為這並非加價的本質原因，甚至房主自己也不一定意識得到。我進一步問我這位同學，她說每戶用水有兩立方米的最低消費。也就是說，滴水的用量以及樓梯燈等公共開支，其實是一個比較明確的數字。這筆容易量度的費用完全可以另外收取從而讓住戶分攤。比如按照市價收取，但每戶多收 10 元。

我認為適當提高的價格本質是為了監管租戶入住人數。租出去的房子，很難通過事先的協議來約束入住人數，太多的人

入住一套房對房東來說當然不是一件好事，首先就是房主提供的設施會由於更頻繁的使用而縮短使用年限，比如水龍頭、電源開關、房主原有的家具折舊，還有地板維護、牆壁翻新，等等。

另外，單個房間入住人數太多也會影響其他租戶的居住質量，比如製造更多的喧鬧聲。房主當然不可能事無巨細列明各類設備維護責任，也難以限制住戶某天多一兩個朋友的臨時客人。通過提高水電費用，無疑是一個極好的合約限制模式。而從租戶的角度來看，當然也不希望左鄰右舍整天喧鬧。

乍一看，水電費多少全由房主說了算，租戶似乎沒有一點發言權，然而這個收費標準是房租合約的一部份。租戶覺得不合算，完全可以選擇其他房主。競爭之下，要捆綁一項不相關的商品收費是極為困難的。房主如果真能以此來剝削租戶，電費就可以收幾元一度甚至更高了，並且市場上也的確有房主按照市價水電費與租戶簽訂合同的，當然在租金上會有所反映。

IBM（國際商業機器公司）的一椿舊案與此有關。20 世紀 30 年代，IBM 出租其製表機時，規定客戶必須購買自己公司生產的穿孔卡片，被美國政府以反托拉斯法起訴，最後 IBM 敗訴，美國高等法院判決取消了 IBM 對客戶購買專用穿

孔卡片的限制。芝加哥大學的 Aaron Director（亞倫·戴維德）教授別具慧眼，認為 IBM 的機器捆綁穿孔卡片是利用紙卡的使用量來量度機器使用的頻度。這是高見，但他認為這是為了價格分歧，張五常教授予以修正，指出捆綁紙卡賺取不多的錢是維修保養的費用。

雖然媒體抨擊出租房水電價格較高的報道時而有之，但差強人意的一點是報道一般附有採訪專職部門的信息，而這些部門一般回應說那是租戶和房主的協議，不好干涉。這些回應比美國司法部門動不動就以捆綁銷售來處罰 IBM、微軟等企業的行為高明多了。

公攤面積與縛蟹草繩

在前幾年北京有關部門公佈的《關於商品房開發項目房屋登記面積測量有關問題的通知》中，規定新申請預售許可的開發項目，原則上不得再分攤建築樓棟（相互連通的為一個建築樓棟）外的公用部位。也就是說，計入公攤面積的範圍進一步縮小。

或許不少人會認為，此規定使購房者擺脱了房地產商按照建築面積而非套內面積計算房價的剝削，從而保護了購房者的

權益。

　　且慢雀躍！讓我們看另一個例子，金秋 10 月是持螯賞菊之時。買過螃蟹的人都知道，螃蟹會被水草捆綁得扎扎實實，水草重量佔總重量 1/3 是很普遍的事。

　　雖然偶爾也會有人投訴水草太重，然而螃蟹是連水草一起銷售的，大家習以為常，也容易理解。因為螃蟹的蟹螯容易折斷，為了減少蟹的動作，保持蟹身完整，增加蟹的存活率，運輸也更方便，漁民在捕撈螃蟹之後，就用水草把牠綁起來。

　　捆綁螃蟹的水草，看似多餘，其實用處不小。它能提高螃蟹的存活率，也就是說，增加了市場上螃蟹的供應量。同時，張牙舞爪的螃蟹被捆綁起來，買賣雙方都減少了不必要的麻煩。房屋的公攤面積其實也與此類似，它並不是多餘的，也是房子質量的一個重要組成部份。一些建築年代比較久的房子，樓梯狹窄，上下樓都要側身而行，搬運稍大一點的家具上下樓簡直是不可能的任務，正是因為這些房子的公攤面積過小。

　　去市場買螃蟹的人，不會拆去水草，量度螃蟹的淨重。當然，賣螃蟹的人也不會用 10 千克的水草去捆綁一隻螃蟹。買房子的人會自己去對比房子的建築面積、公攤面積和房子的性價比，房產商不會因為故意增大房子的公攤面積佔得了便宜。

1千克螃蟹60元，水草有半斤，和拆去水草每千克賣75元，價格是一樣的。同樣的道理，一紙新規之後，不同的只是購房合同中的單價而已，天上不會掉餡餅。消費者要享受到實實在在的實惠，還得需要一個自由競爭、健康發展的房地產市場。

樓市也可「雲計算」

　　北京為了調控樓市，此前出台了一系列政策，其中就包括本地戶籍人口暫停購買第三套房、外地戶籍人口暫停購買第二套房、外地戶籍人口購買住房需要提供五年以上完稅證明等，調控力度前所未有，且有全國蔓延之勢。

　　民眾對樓價高企的感嘆和質疑一直沒停過，北京動輒幾萬元一平方米的樓價也絕非一般工薪階層所能承擔，因此樓價高企其實對這些人的影響力反而是最小的。至於這種現象是否正

常，那另當別論。

　　一個大城市，如果樓市價格較高，從成本的角度看，也意味着更多的就業機會。樓價升高是結果不是原因，是因為需求大，而這種需求（不管是投資需求還是投機需求）當然也意味着需要更多的勞動力。如果薪金很少，而工人居住生活費用大增，得不償失，他們就會轉到其他地方。

　　限購的意圖是要打擊投機炒房，限購的下一步，很可能會推進到租金方面的管制。在前幾年的「兩會」記者會上，住建部的官員就表明了這一點，認為租金的調控應該也是房價調控的一部份。

　　租金管制，一般會具體規定各類房屋建築的租金上限。比如美國紐約受管制的房屋，有專門的機構根據房屋的建造年代、建築結構和年限、房屋不動產稅額、運營和管理費用等多項因素定一個最高租金。租金管制的關鍵，是限制房主收回房屋。合同期滿，租客如果要續租，除了特別理由以外，房主不得收回房屋。這和我們平時常見的自由租賃合同完全不同，租期一到，雙方均可自由決定是否繼續合同。

　　這些規定，是基於認為承租人處於弱勢地位，因此政策要向他們傾斜。第二次世界大戰後，香港的房屋僧多粥少，也學

習紐約推出了房屋租務管制政策，直到 1998 年及 2004 年，才分別取消了租金管制和租住權管制。其後果是使租賃方和承租方關係緊張，激發矛盾，房屋主人缺乏維護、保養房子的動力。

限購是通過打擊需求來給樓市降溫，實際上等於削足適履。而租金管制管束了合同的自由度，等於降低了房子的價值。兩者皆不可取。房價的問題，時下風頭正盛的雲計算概念或許能給出一些啟迪。

雲計算是一個 IT（信息技術）術語，其基本原理是將計算從本地計算機抽離，分散於眾多的分佈式計算機上。在傳統模式下，計算能力受限於自己電腦的 CPU（中央處理器）、內存等硬件配置，大多數時候各自獨立的計算能力是浪費了的。而雲計算可以借助網絡把多個成本較低的計算實體整合成一個具有強大計算能力的系統，並通過商業模式把計算能力分配給用戶。

雲計算減少了浪費，充分發揮了機器的計算能力。當然，前提是需要一個暢通穩定的網絡環境。樓市調控，其實正可以從中學習一二。

房子長期空置看似是一種浪費，其實房子有主，賺蝕自負，沒人願意長期空置。減少浪費的方法，並不是什麼租金管

制，而是減少對房子出租、流通的行政干預，樓市調控應疏不應堵，疏的方法是拓寬渠道，降低樓市交易的費用，在市場上投入更多的土地。

在雲計算模式中，你使用的計算能力，可能來自全世界任何一個地方，一切計算能力都可以投到網絡中去。人口也一樣會流動，你的房子其實並不一定要固定在某個城市。全國任何一個城市都可以成為你的住所。在地區競爭之下，某個城市房價畸高，對價格敏感的人可能就會搬到其他城市。更何況，每個人的喜好也不盡相同，有些人貪圖大城市的便利，有些人喜歡小城鎮的悠閒。允許人們自由流動，就是讓他們各取所好。

樓市其實也如同雲計算那樣，有着廣闊的能力釋放空間。比如，允許流轉用地用於商品住宅開發，允許宅基地和宅基地房上市流通，取消這些原本的管控，利之所誘，會有更多的樓房進入市場交易。

第三卷

行：
往來的
步履匆匆

火車票價高低誰定更合適？

　　每近年關，電視、報刊和各大門戶網站上就會一如既往地談論火車票的話題，原因不外乎兩個。

　　第一，火車是相對低廉和安全、選擇的人最多的長途交通工具。

　　第二，中國經濟發展的地區性差異導致大量勞動力外出謀生，一張薄薄的火車票，寄託着團圓的希望與祝願。

　　車票這頭，是冷雨、淒風，是有家不能回的痛苦。車票那

頭，是燈籠、鞭炮、春聯，是老婆孩子熱炕頭。「回家過年」這個詞，自然而然有一種勾人流淚的煽情。

爭論的焦點在火車票的價格上。「火車票不應該漲價」「今年火車票會不會提價」等字眼常見諸媒體。有貌似深入的分析說，鐵路部門屬於壟斷行業，提供火車票者只此一家別無分店，因此應該予以價格限制，不能由他們說了算。

這些觀點，從經濟學的角度看，其實是混淆了應然與實然的區別。所謂應然，是說應該如何，必然會涉及主觀價值判斷。而實然意指實際上如何，僅僅是事實描述。而經濟學是不理會「好與不好」「應該不應該」這些主觀價值判斷的。

火車票的價格其實並非由鐵路部門決定，也不是由物價局或者其他政府部門制定，而是由你、由我、由他，由每一個去買票的人定的。

我們需要對何謂價格有更進一步的認識，不能把眼光僅僅放在票面上標着的數字。火車票價格定為 200 元，維持這個價格是否就是不提價？新超市開張，特價空調一元一台，這是否就是空調的價格呢？經濟學上價格的含義不是票面上的那個價格，因為那樣，經濟學作為一門科學體系根本無法自圓其說。如同數學，你不能說 1+1 有時候等於 2，有時候等於 3。那樣，

數學體系也會崩塌。

而且，在現實中這也很容易理解。當你轉了三趟車、排了 10 個小時隊用 200 元買來一張車票，如果能省卻如此麻煩，恐怕你願意用 400 元來買。這和很多人寧願冒着買到假票的風險多花 100 多元在黃牛手中購票的道理一樣。

可以推測，票面上的價格越低，買到票的難度就越高。在價格管制之下，要通過其他代價來彌補和市價的差額。即便火車票免費送出，蜂擁而至的人群也會把它的代價拉到市價。而兩種情況的不同之處是，市價之下，有人因此獲益。在價格管制之下，和市價的差額部份會消散在千萬人的排隊中，不屬於任何人所有，如同一個錯過了秋天收穫季節的蘋果，最後爛熟在樹上一樣。

免費公交將加劇**城市**擁堵

道路擁堵，四處塞車，這是常見的城市病。一些大城市的人每天不得不花費幾個小時奔波在路上，這既浪費了時間也耗費了不少精力。許多人的共識是，通過改善城市道路規劃和完善公交體系建設來緩解城市交通擁堵。江蘇省政協的一位官員更是建議用免費公交來應對這個難題。

這位官員的想法也代表了不少人的心聲。就是通過免費，把更多的人吸引過來乘坐公交，以減少路上私家車的數量，從

而使城市擁堵現象得到根本性解決。然而，這裏存在邏輯問題。

和一般商品的消費有所不同，例如菜市場豬肉降價，銷量會增加，此豬肉還是彼豬肉。公交車免費，乘坐人數肯定會增加，然而，此商品已非彼商品了。因為此時搭乘免費車的人會更多，車上摩肩接踵，人們會比以前更難找到位置。這些額外增加的不適，其代價的平均值會等於減少了的票價。

那些開私家車的，原本就是為了便捷和舒適，才會寧願花費不菲的金錢去買車養車。公交免費了，但是車上人數更多，比以前更難找到位置，人們會不會為了兩元票價而放棄私家車呢？

正因為這個理由，可以推測，公交車免費之後，雖然搭乘人數會增加，但這些人大多數應該就是那些原本沒有私家車的人，比如他們原來是騎自行車上班的。還有一部份增加的人數來自於這些人出行頻率的增加。

因此，可以想像，公交免費之後，城市裏候車亭人頭攢動，公交車停靠的時間更長，佔用道路資源更多，車上更擠了。與此同時，私家車數量並未減少。交通擁堵現象不是減緩了，而是加劇了。

第三卷
行：往來的
步履匆匆

免費之下，若要使乘客享受的服務質量不變，則必須加大投入。投入增加，實際上相當於價格下降了，乘坐人數會進一步增加。

　　毋庸置疑，這樣繼續下去最終會徹底消滅私家車，讓大街上走的都是公交車。當公交車都裝修豪華，城市的大街小巷都能到達，並且每分鐘有幾趟經過，車多到每輛車上常常只有一兩個人，這個時候，還會有人購買私家車嗎？

　　當這個城市目之所及都是公交車的時候，你最終會發現，一切又回到了原點：城市擁堵有過之而無不及。只不過所有的車都是公交車。當然，你可以繼續辯解，說免費公交的同時，應該擴建城市馬路，改善道路環境。「一切問題，都是成本問題」，這是經濟學上的一句點評。

三代出一個名車品牌

　　隨着經濟的發展，現在有車一族越來越多，各式各樣的車展也令人目不暇接。其中，最令人難忘的就是那些價格不菲的世界名車了。許多人會發現這樣的現象，琳琅滿目的名車，不少是以人的姓作為品牌的，例如勞斯萊斯、法拉利、奔馳等。

　　其中，法拉利品牌創建於 1947 年，創始人是世界賽車冠軍、汽車設計師恩佐·法拉利。勞斯萊斯是英國人亨利·羅易斯（F. Henry Royce）和羅爾斯（C. Rolls）於 1906 年共同創

建的。我們不難發現，這些牌子大多有比較長的歷史，有些甚至和人類的汽車工業史同步。比如我們熟悉的奔馳，其品牌名就是創始人之一的卡爾‧本茨的姓。卡爾‧本茨出生在德國一個手工業者家庭，家境貧寒，曾在機械廠當學徒，為了生計拼命地工作。後來，他改進了奧托四衝程發動機，終於於1886年成功試製世界上第一輛單缸發動機三輪汽車。作為世界汽車工業的先驅者之一，他不但是奔馳汽車公司的創始人，更被後人稱為「汽車鼻祖」。

不僅汽車行業，其他傳統行業同樣也存在類似的現象，國外一些起源於人的姓名的品牌，甚至經歷了幾百年的傳承延續至今。這能給我們怎樣的啟迪呢？

巴爾扎克說，三代才出一個貴族。類似汽車工業這樣的傳統行業，很少有如今互聯網時代新興產業一夜成名天下知的傳奇故事。一個國際知名品牌的產生，常常需要付出幾代人的努力。因此，除了創業者本身的辛勤拼搏，以及繼承者的開拓和創新以外，更重要的是，還需要能夠允許持續發展的外部環境。也就是說，需要一個能夠給予人們穩定預期的環境。這樣的環境，不能說變就變，要尊重產權、保護產權，人們才會有動力花費不止一代人的時間去打造一個名牌。這也正是以家族

姓氏作為品牌的名車，能夠穿越 100 多年的歷史，甚至經歷過兩次世界大戰都能夠頑強生存下來的原因。

而反觀中國，改革開放已經 40 年了。40 年大概只是一代人的時間，不能過於奢求了。2007 年，我們通過了《中華人民共和國物權法》，第一次通過正式立法保護私有財產，雖然會有紕漏，但至少是一種姿態：未來之路，會尊重產權，保護產權。我們期盼着，並且也應該相信，堅持改革開放的道路走下來，我們的身邊終將會有更多屬於我們自己的國際品牌。

延長收費期限難解**公地**悲劇

　　高速公路在重大節假日免費通行的政策，在我國已經實行多年。大多數媒體在肯定這是惠民政策之餘，對車流量激增導致的擁堵，則認為要加派人力予以疏導。而免費通行導致路權、人權受損，政府將會採用何種方式補貼則沒有定論。

　　交通運輸部早前發佈的向公眾徵求意見的《收費公路管理條例(修正案徵求意見稿)》對此有了初步方案。意見稿裏列明收費公路因為重大節假日免費擬延長收費年限，還貸、經營

期滿後的高速公路可以按照滿足基本養護管理支出需求的原則收取通行費。

我國高速公路建設速度有目共睹，這正是得益於誰建設誰受益的模式，各種資本能夠進入道路橋樑建造等這些投資回收期較長的大項目。旨在給路權人以補償的意見稿一出，便引發媒體的廣泛抨擊，某知名南方媒體更以《收費公路新規引質疑：免費 20 天換來多收一兩年》的文章來質疑。這種簡單對比的錯誤是明顯的：不是一年中的 20 天免費，而是收費期限內的每年重大節假日都免費。不是現在立刻增收一兩年的費用，而是過了二三十年之後才收取。

這些時間，需要加上利率的影響，對比才有意義。人類的迫不及待，是利率存在的根本原因。按照 5% 的利率，每年 20 天連續 25 年的免費通行時間折現約為 286 天，但是這個時間如果相反是折算到 25 年之後，那麼按照利率計算，約為 968 天。

這意味着，你每年向別人借款 20 元，約定 25 年之後一次性返還，按年利率 5% 計算，到期要還 968 元。考慮到有部份車輛沒享受免費政策，有統計數字表明約八成車輛免費，故此 20 多年後延期兩年是大致合適的補償了。當然，不能對所有

的公路簡單劃一地增加兩年補償，而是要按照實際到期年限計算。

在既有的免費通行政策未能變更的情況下，如何補貼路權方損失？有各種辦法。比如這筆費用直接由財政報銷，或者提高平時收費的標準。財政報銷意味着所有的納稅人都需要為此買單，而提高平時收費的標準，這個範圍縮窄到所有使用高速公路的人為此買單，然而這些人有相當一部份並沒有在免費時段使用過高速公路。

各種措施都難免有所偏頗，一言以蔽之就是存在「無辜者」，他要為別人的使用買單。而意見稿的延長收費年限，是將時間推後了，等於未來使用高速公路的人為現在的使用者買單。而意見稿的延長收費期限，僅僅是明確了給路權人的補償方式而已，解決不了因為免費使用導致的公地悲劇問題。

「公地悲劇」是指如果資源無主，不受約束，那麼在競爭的情況下會被過度使用，常見的例子是草地放牧和海洋捕魚。而到了經濟學家那裏，結合租值理論分析，對公地悲劇有了更深刻的認識。

資源有產權保護，會約束其投入在收益恰好等於邊際成本那點之上，這時資源也得到了最高租值的使用。但如果資源無

主，只要有利可圖，就會不斷地有人耗費精力攫取，在競爭的情況下，大部份租值是被耗費了。高速公路免費，即便可能擁堵，人們權衡計算，如果省下的路費高於因擁堵多花費的油費以及時間價值，並且估計會比走其他免費的省道快，他們就會開車進去。高速公路的相當一部份租值是被耗散了。

政府出台這種免費政策或有着惠民的初衷，但現實良好的願景很可能適得其反。就實行免費通行的這些年所見，車主並沒有因此省下多少，而這些免費時段有急事要出遠門的朋友則叫苦連天。相比 20 多年之後的補償，管理者當機立斷取消這個免費的午餐政策才應該是正解。

貨車為何經常超載？

　　超載是公路貨運的普遍現象，也常是媒體報道的焦點。人們可以輕而易舉地列出超載帶來的一些問題，例如影響了車輛轉向和剎車系統，可控性降低，容易出事故，還對道路和橋樑造成損害。媒體每每是一片譴責之聲，不是譴責司機急功近利、罔顧安全，就是譴責路橋收費太高導致司機不超載就沒錢賺。

　　媒體曾報道過，河南省商丘市永城的一位女車主因為貨車

超載被查處憤而喝農藥，此事使當地運政、路政部門遭受到前所未有的輿論壓力，甚至有多名責任人被移送司法機關。人們痛恨超載，認為這種現象屢禁不止的原因是利益部門作祟。比如在永城，運政、路政方面有所謂的「年票」「月票」，繳納這些費用後，就在一定的範圍內允許超載的貨車上路。

這裏必須回到根本性的問題，貨車為什麼會超載？在兩地之間運送貨物，有些費用是相對固定的，比如路橋收費、高速通行費，貨物單次裝得越多，單位貨物分攤的這些固定費用就越低。雖然多搭載貨物會耗用更多的燃油，但是這時候多出的燃油是直接用於邊際之上的貨物增加量。如果再走一趟，還要為車身重量多付出油耗。

除此之外，汽車有使用年限，購買車輛的投入有利息，人力也要支出，這些屬於買了貨車從事運輸之後就存在的費用，所以單次多運載一些貨物，在一定時間內就能運送更多的貨物，攤薄單位貨物的這些費用。

當然也並非超載得越多越好，一輛汽車的載重能力不會無限，司機裝載多少貨物，還要考慮其他成本。有些公路會按照重量收費，每超過核定載重一定的比例加重收費。另外，超載會使汽車磨損加大，零部件折舊得更快。轉向和刹車系統的可

控性也會降低，若發生事故得不償失。

如果超載帶來的這些費用合計折算起來比不上能節省的路橋費、油費和人力時間成本，司機當然會選擇超載。抨擊超載的人常說司機只考慮自己的利益，沒考慮社會成本，因為超載會增加發生事故的可能性，會禍及他人，而且容易損害道路和橋樑，縮短使用年限。

這種觀點是錯誤的。

首先，事故發生率其實已經包含在保險費用中了，一台常年上路的大貨車，保險公司會評估它出事的風險而收取保險費。

其次，如今很多公路都會按照汽車載重收費，超載得多的繳納費用也多。

最後，就是類似永城的這些額外的年票、月票，其實正是對超載可能對路橋損害的額外收費。這些費用並不是什麼社會成本、外部性問題，而是包含在司機的成本評估裏了，是徹徹底底的內部性問題。

還有一種觀點認為司機超載是因為路橋費太高，這更是錯誤的。即便所有的道路都免費，在競爭的情況下，司機收入依然是市價，有暴利就會有無數人蜂擁而入，更何況現在會開

車的人越來越多，專業司機能賺的是長期的駕駛經驗積累和熬夜、長途跋涉的辛苦錢而已。如果所有路橋免費，那麼運費會降低，但也只是貨主受益而已，康莊大道可不會從天上掉下來。

真要從根本上杜絕超載現象，不是讓路橋免費通行，而是施予重罰甚至重刑，比如超載的一律罰款數十萬元判刑幾年，恐怕再也不會有人超載了。問題是這會帶來什麼結果以及這種結果真是我們所要的嗎？

公路運輸一直以來都是我國最主要的運輸方式，公路貨運量佔總貨運量的七成以上。根據統計局的數據，2012 年我國公路貨運量超過 320 億噸，運輸費用估算近 5 萬億元。如果杜絕超載，那麼每年 5 萬億元的運輸費用即便只增加兩三成，就是超過萬億元的天文數字了。

可以說，人們選擇任何行為都要面臨成本和收益的計算，要避免出任何交通事故，禁止一切交通工具即可。超載的危險其實被高估了，地方政府會有不同的處置方案，那些過度超載的會被查處，而在風險評估範圍內的超載會被寬容，類似永城加收的年票、月票費其實正是對超載者可能損害路橋設施的一種附加收費。

因此，如果我們不想承受運費提高的後果，那麼允許一定程度的超載就是一個較優的選擇。一個現實的例子是永城車主喝農藥事件報道後，四川省公安廳和交通廳聯合發佈嚴禁超載公告，並且在高速公路口設卡，超限、超載車輛都將被現場處理。而之後又補發通知，合法超限運輸車輛辦理許可手續後可以上高速公路。

飆車案的經濟學釋疑

當年，媒體和網絡都曾熱議引發重大傷亡的深圳「526」飆車案。深圳交警創紀錄地在短短三天內開了數場新聞發佈會向公眾解釋，即便如此，各類傳言依然沒停息。

人們之所以懷疑此案有人「頂包」，主要起因是肇事者事後離開現場幾個小時，並且剛好醫生誤會另外一位無關的求醫者是肇事者。再後來，公眾認為警方公佈的視頻有作假現象，加上各類小道消息迅速在網絡傳播，即便後來警方公佈了

DNA（脱氧核糖核酸）對比結果和視頻實驗解釋，「頂包」的傳言仍繼續演繹。

法律上的案件定性需要鑑證方面的進一步證據，但從經濟學的角度來看，從警方開第一次發佈會公佈相關的視頻認定肇事者沒有「調包」後，我就跟一些有所懷疑的朋友說，這起案件已經很明瞭了。

酗酒、飆車、重大傷亡，肇事者面臨的法律懲罰顯然會很高，而這也意味着「頂包」之人成本極高，基本上等於買下了他餘下的一生，並且必須是極為信任的人，否則收買者承受背叛的成本也很高，一旦事發極可能從本來非死刑改判為死刑。更何況，被懷疑「頂包」者經過檢測是醉酒駕駛，讓一個醉酒者去「頂包」更非理性行為。

而同時，這是發生在大城市深圳的從一開始就置於媒體聚光燈下的交通肇事案件，警方經過調查公佈的證據是很可靠的，難以想像整個深圳交警系統會為此案而偽造一系列的證據。如果視頻作假，那麼要在短時間內製作這樣一批作假視頻，需要的人力物力會是天文數字，並且知道的人越多，暴露的風險越大。在這些條件約束之下，隨着警方發佈會的召開，我認為「頂包」的概率就大大降低了。隨後更多的視頻證據鏈

的形成、DNA 科學證據的公佈，已經把「頂包」的可能性降低到接近於零。

在關於此案的爭論中，我留意到有些鍥而不捨懷疑到底的網絡 ID（身份標識號），其本身是開網絡策劃公司的，不斷地提出一些無關宏旨的疑點以便引人注目。其實從經濟學角度來看，這些質疑是蒼白無力的，因為這和他們的利益有直接關聯。

當然，這並不表明絕對不會有其他可能性。即便是肇事者當場被捕，也不能排除後來以容貌相近者「頂包」的可能性。即便是最嚴謹的 DNA 對比，認定概率也是一個極為接近而不等於 100% 的數字。警方要為了這微乎其微的可能性無窮盡地探究到底嗎？

經濟學的邏輯推理並不能作為直接證據，經濟學也不會僭越要去替代法證和法官的作用，但完全可以用來幫助分析案情。案件發生，警察也會先從周圍圈子入手，找出有犯案動機的人，逐一調查排除。可以說，這種動機分析其實在很大的程度上就是經濟學的成本分析。

有人會認為這踩過界了，然而經濟學本質就是解釋人類行為的科學，經濟學家其實早已開始了相關的嘗試。美國三位經

濟學家甚至以馬歇爾·傑文斯的筆名（顯而易見這是以被譽為現代西方經濟學之父的馬歇爾和以邊際理論著稱的傑文斯兩人姓名合編的）寫了兩本經濟學偵探小說《邊際謀殺》和《致命的均衡》。

在《致命的均衡》一書中，人類學家克萊格院長曾經學術造假，而年輕的經濟學教授發現裏面的數據不符合最大化的原則而看出了造假，並以此要挾讓他通過自己的教授資格評定。院長出此殺死了他和另外兩位知情者，並且最後知道自己東窗事發時選擇了自殺，因為學術造假是非常惡劣的行為，一旦被揭發就會身敗名裂。

有趣的是，小說裏這位用經濟學抽絲剝繭最後找出真兇的斯皮爾曼教授的原型，就是經濟學家米爾頓·弗里德曼教授。小說所凸顯的經濟學主題，不外乎是經濟學自私假設，即效用最大化原則：人們做任何事情都是從最大化效用的原則進行的，甚至包括殺人和自殺。

誤撞豪車如何**定責**更合理？

　　朱小姐駕駛的雅閣車轉彎時未避讓直行的勞斯萊斯而導致碰撞，要負該起事故的全部責任。而豪車維修費用有可能非常驚人，這筆費用應該由誰負責？幾位朋友對之前發生的這起撞豪車事件頗感興趣，於是在網上討論起來。

　　朋友 A 說，由於朱小姐負全責，維修費用當然應該由她負責，貴也沒辦法，只能以後見到豪車就盡量離遠點了。朋友 B 說，目前針對第三者的保險賠償有限，她還是很可能支付不

起。保險公司應該推出針對撞豪車的新險種，這也是一個市場機會。朋友 C 則說，你開這麼貴的車出來，對方又不是惡意碰撞，自己也應該負部份責任啊。

事故的確是由朱小姐的過失造成的，車主因此受損。從直接責任來說，你損壞了我的財物，當然要按價賠償，似乎天經地義，也符合傳統價值觀。然而真要賠 100 多萬元，人們又似乎覺得不太合理，但說不出所以然。

有人說保險公司應該推出針對這種情況的新險種。任何市場行為都有交易費用，如果這種費用過大，交易就不會發生。某些高檔豪車由於保有量少，維修服務站欠缺，所以不少保險公司乾脆直接拒接保險。如果信息費用過高，這種險種就不會存在，並且這也解決不了責任認定的根本問題。

我們知道，源自科斯定律的法和經濟學的方法論一直受到不少質疑，他們認為以效率來界定權利有損權利的先驗性與正義性。然而，法律的問題用經濟學的角度分析，能讓糾纏不清的觀點明晰起來。科斯定律指出，如果交易成本為零，那麼權利的初始配置不影響資源使用效率。然而，物理世界難免沒有摩擦力，市場交易費用當然也處處存在。那麼，權利的界定和分配會如何影響資源配置的有效性，又或者說，權利要如何配

置才符合效率原則呢？這是法學和經濟學關注的重點。

　　傳統法學所關注的主要是已發生之事的責任認定，而把經濟學引入法律，重點是事前機制的研究。因為事先規則會提醒市場交易雙方評價自己的成本及收益，從而影響他們的決策行為。從預防事故發生的角度來看，成本高的就是效率低，成本低的就是效率高。一輛豪車穿街過巷發生事故的概率會增加，車主避免開太過昂貴的車到路況複雜的馬路上不難做到，但讓其他車輛都設法避免和豪車可能的碰撞，成本何其高。因此，把預防事故發生的責任更多交由豪車車主去承擔，會是一個成本更小的選擇。

　　這種分析方法其實契合了傳統法學的一些判法，也就是說，在一般法律定責中，其實已經使用了這些方法，但人們不願意承認是從效率角度看問題，而是付諸公平等字眼。但究竟怎樣才是公平其實並非一見即明，路人在你家門口滑倒了，法院判你要為此負責你會覺得不公平，法官卻認為，由你來負責門口保潔工作比每個穿行而過的行人都要小心翼翼成本更低。

　　找不到肇事者的高空墜物責任認定也近似。如《中華人民共和國侵權責任法》規定：從建築物中拋擲物品或者從建築物上墜落的物品造成他人損害、難以確定具體侵權人的，除了能

夠證明自己不是侵權人的以外，由可能加害的建築物使用人給予補償。這條法規其實也是基於成本分析，當然並非無瑕疵或無爭議，但也是對比了各種辦法，比由政府為之買單、受傷人自己負責等辦法更為有效，這樣也可以促進同棟樓住戶進行互相監督，降低事件發生的概率。

由此，回到撞豪車事件，事故責任方朱小姐應該在最高保險範圍內賠償對方，但車主也應該為自己的豪車進入普通路段負擔一定的責任。如同你捧着一個元朝青花瓷器走在人山人海的街道上，即便他人過失碰撞了你，跌碎了價值連城的寶物，所承擔的責任也不應該太高。當然，法律不應該保護那些故意損壞他人財物的行為。

排隊吃飯和排隊買**火車票**的區別

　　每年農曆新年前後，春運都是媒體的焦點。還有人調侃說，中國能夠處理好奧運會和亞運會問題，但就是解決不了春運問題。事實上，隨着鐵路運力的提高，包括高速鐵路的投入運營，單位時間內已經可以運輸更多的旅客了，買票難的問題與以前相比已經有所緩解。但相對於短時間內暴增的人流，排隊現象依舊，黃牛黨仍然有利可圖。

　　排隊現象的產生，是因為價格有所管制。節前幾天的票最

為緊俏，是因為人們都想在大年三十之前回到家。也就是說，大年三十之前幾天的火車票是最為緊俏的商品。如果可以通過價格進行調節，靠近春節幾天的票價要提高不少，而離春節還有十多天的那些票價格稍微增加，年初一的票價降低，這種價格安排是和人們的需求相稱的。人們就會提早安排，選擇合理的回家時間，而不是將這些時間耗費在排隊上。排隊無產出，必然存在租值耗散。

春節期間，飲食生意火爆，去酒樓吃飯常常要排隊，而平時週末也一樣，酒樓有人派號，按號碼輪候，等大半個小時很常見。朋友因此取笑我：「你們不是說火車票價格要提高嗎？現在這間酒樓也沒見提高價格啊。」

朋友雖然是經濟學的外行，但是他卻問了一個重要的問題。除了春節的火車票，現實中的排隊現象也比比皆是：超市開張，商品大打折扣銷售，門外一早就排起了長龍；週末的酒樓生意很好，經常要排隊取號；iPad上市，不少人不辭辛苦通宵排隊，成為一景……火車站前的排隊，和酒樓等位的排隊、蘋果手機專賣店前的排隊有什麼區別？這個問題不簡單。常見的排隊，在生意好的飯店、專賣店，還有超市都可以見到。

比如，沒去澳門之前，我就曾經聽人說過氹仔有一家小店

做的豬扒包很好吃，限時限量銷售，常要排隊。後來去澳門找到這家店，也等待半個小時才吃到傳說中的豬扒包，但不覺得很特別。限時限量供應，商品能都賣完，説明其實可以賣貴一點或者賣得更多一些。一個不可能錯的説法是商家都是追求最高利潤的。如果可以提高價格把商品賣出去，而他們沒有這樣做，説明是通過這些費用來節省另外某些更高的費用。

而所要節省的這些費用是什麼，要看具體情況，是沒有定論的。比如，餐館門前的排隊有一個正面作用，向路人透露出「餐館原材料新鮮，味道還可以，所以這麼多人光顧」的信息。當然，還可能是因為存在菜單成本，頻繁更換價格增加不確定性，會影響消費者的信心。另外，如果一位顧客願意排隊，也表示他的消費會較高，一位僅僅為了解決午餐問題填飽肚子然後開工的職員不會排隊等大半個小時。對餐館老闆來説，在某些情況下，他可能願意降低單位價格來提高每桌的消費額。

商業性質的排隊，盈虧有主，商家本來可以通過提高價格等手段取得排隊的時間租值，但是，因為有其他因素的考慮，耗費這些租值對他們來説，可以節省更大的費用。對整體生意來説，不存在租值上的浪費。

而通過政策手段實施的價格管制，大部份租值是白白耗散

了。若以春運發送旅客 2.3 億人次計算，按照平均每人次耗費兩小時用於排隊的保守估算，總耗時為 4.6 億小時。按照每小時 7 元的低位收入計算，總耗費將超過 30 億元。這部份耗費本來是可以通過放開價格節省下來的。比如，你排隊兩小時買到一張票，如果你願意多支出每小時 7 元共 14 元的費用避免排隊，那麼這部份收入會實實在在地落到另外一個人的手中，而你的處境至少不會比以前更差。從整個社會來看，每年浪費的龐大時間，本來可以用於生產，製造出更多的產品。

「價格聯盟」真能穩定嗎？

一天傍晚，飯局完畢，我在路邊一個公交車站旁等車回家。公交車半天沒來，而旁邊聚着不少摩的（編者註：即摩托車的士）四處招攬行人。我便趁此觀察他們的行為。

平時乘車經過這裏，總會看到幾輛摩的在等客。顯然他們是有針對性的，在這裏下車的人，大多是租住在附近幾個村落的。近一點的可以步行回去，而稍遠的，比如一千米以上的，大多會選擇打摩的。

一輛公交車開過來，幾輛摩的追了過去，靠近車門等人下車。這樣的現象讓我陷入思考：當某輛摩的追上行人談價錢的時候，總會有另外的一兩輛不緊不慢跟在旁邊。我以前一直以為，跟上去的是試圖搶客。如今聽到兩輛無功而返的摩的司機的對話，我知道原來的看法是錯的，他們其中一位埋怨另一位開價太低，「去那裏至少應該 3 元的」，對方反駁說「你上次不也是一樣，去 ×× 地只收 3 元」。我猛然醒悟，跟着的那個人主要目的不是搶客，而是監督。

距離多少，大概收費如何，他們有一個默認的行規。某天甲摩的可能順路，願意大幅度降低價格搭客（之前我就親眼見到一位摩的司機用公交一樣的價格招攬一位客人去接近 5 千米外的新車站），或者乙摩的某天看到甲摩的開價 5 元，在旁邊開 4 元搶客……這種互相之間的價格戰可能兩敗俱傷，為了防止這種後果、平衡利害，他們之間就收費形成了一種默認的標準。

不妨把這樣一種默認的收費標準看作一個價格聯盟，我們要思考這樣的問題：這種價格聯盟是否能夠維持一個壟斷價格？這樣做是否損害了消費者的利益，應該設法禁止呢？

首先，這裏並非一個封閉的環境。據我觀察，這個車站的

摩的數量經常變化，有時兩三輛，有時六七輛，不排斥外來者。更何況，不時經過的流動摩的也減少了坐地起價的可能。還有就是他們之間的這種監督，其實只是一個非常弱的約束，沒有政府強制力，沒有暴力。有人或許會說，摩的能通過「欺生」來賺取額外的利潤，這種現象固然有之，但不會普遍，也不難破解，因為信息不對稱在摩的和搭乘者之間同時存在。

其次，摩的的例子反映了聯合定價的困難。比提供摩托車搭載服務更為複雜十倍百倍的產品和服務廣泛存在，要在他們之間維持一個共同的價格基本是不可能的任務。近來，彩電行業價格聯盟、航空公司聯合提價、石油組織約定油價等報道不絕於耳，似乎市場中包藏着無數試圖獲得壟斷利潤的禍心。曾鬧得沸沸揚揚並已經實施多年的《中華人民共和國反壟斷法》，政策制定者對試圖管理和調節價格，都有一種理性的僭妄。價格聯盟這個詞語也時髦起來，隨便一個人都可以誇誇其談出一大堆害處：聯合制定價格、壟斷市場、損害消費者的利益。

類似論調，多年前，我在國內一位著名經濟學家的訪談中也看到過，他談及價格聯盟，首先談了價格聯盟造成的眾所周知的一大堆害處，比如它是逃避市場競爭的壟斷行為，違反

了公平競爭的原則，損害了消費者的利益。而在最後，這位經濟學家話鋒一轉，又指出這種聯盟沒有成功的先例，即便是石油輸出國組織這樣強有力的組織所達成的限產提價的協議也很難實現目標。當時我便笑出聲來。既然價格聯盟沒有成功的先例，又談何「破壞了市場競爭、損害了消費者的利益」呢？故此這位經濟學家的話語，我分而處之，前半部份當之為面對媒體和公眾的官腔，後半部份才體現了一個經濟學家的邏輯。

誰會買水動汽車？

之前，網絡上曾熱傳過一則據聞源於英國路透社的報道：日本某公司發明了用水驅動的環保汽車，僅需要 1 升水即可以80 公里時速跑一小時。只要不斷地加水，這輛車就可以永不停息地行駛。

文章裏有不少難辨真假的術語，術業有專攻，外行人未必能懂。這類信息其實並不鮮見，當年舖天蓋地的關於水變油的神話、永動機傳說的報道，許多人仍記憶猶新。如今，「水動

汽車」又來了。

真的假的？

先說一則笑話：發明家甲和乙爭辯誰的發明技術好，甲說他發明了超節能洗衣機，能耗比目前洗衣機降低九成。他把幾件衣服扔進去，洗乾淨之後發現果然非常省電。乙不服氣，說他發明了不需要電能或燃氣的洗衣機。他也把衣服扔進了一台沒有任何能源設備的洗衣機，果然洗淨了。甲瞠目結舌。乙說他這台洗衣機不需要電力和煤氣，但是需要糧食。打開蓋子之後，原來裏面藏着一個人。

我們不妨把這樣的笑話看作對那些不計成本、拼命追求某些參數的設計者的嘲諷。乙的洗衣機的確不需要能源，但是，你能說這樣的洗衣機成本低嗎？

也基於此，不妨假設這個世界上真的存在永動機，真的可以化水為油。例如，某人發明了一台不需要任何能源的洗衣機（排除上文那種裏面藏着人的幽默成份），你猜是否就能大行其道、推而廣之，替代地球上那些需要電力才能運轉的「大傢伙」呢？

未必！如果生產這台洗衣機需要 100 萬美元，恐怕你家裏那台洗衣機日夜運轉一年的電費，也遠遠抵不上這 100 萬美元

的利息收入。

事實上，不需要電能的設備早已經有了，比如太陽能熱水器。但為什麼這種熱水器不能把耗費電力的其他產品趕出市場呢？那是消費者的投票，他們會反覆揣度：太陽能熱水器多花了的錢和節省的電費，究竟哪一個合算？

這就是市場！由此看來，實在沒必要去搞清楚到底水驅動是真是假，消費者自然會捂緊自己的口袋，反覆權衡，錙銖必較。市場可能會淘汰大量的發明和創新，不必灰心，其實這是成本最小的選擇。當然，如果政府補貼 99.9 萬元給買這種機器的人，那另當別論。如同政府補貼生物燃油，它當然顯得「便宜」了，然而三歲小孩都應該知道，那不是真實的成本。

從小區**車位**說起

　　幾年前認識的一個朋友，是某企業外貿部經理，最近見面時，我聽到他抱怨工作似乎總忙不過來，部門差錯也多。比如不久前就發生忘記及時給客戶送樣板的事故，兩位文員互相扯皮，都不願意為此負責。

　　據我所知，這位朋友部門職員不少，對於他們的企業規模來說應該是足夠的。聯想起我不久前思考過的小區車位問題，若有所悟，我跟朋友說這很可能是職位冗餘而非人手不

夠的問題。

我所在的小區有兩個園區，一期 A 園區車位月租金 150 元，如果沒有租車位而停車過夜者，出口處有保安會檢查並收取 7 元的費用。而二期的 B 園區出口處卻沒人監督收錢。

為何一個園區要專人去收費而另一個園區沒有，這是一個有趣的問題。我曾在微博上徵求解釋，沒人猜得到。身在園中，局限條件我是知道的：A 園區是第一期，容積率較低，車位綽綽有餘，如果沒人在門口監督收費，就沒人願意按月租用車位了。但 B 區容積率較高，車位發售時（20 年使用權）被一搶而空，包括暫時沒車的也去排隊。車位本身不足，不租車位而搭便車的行為會受到業主本身的監督，不需要通過保安在門口收費來監督。

一個小區，如果汽車很少，收費所得抵不過人力支出，就不會有人收費。如果汽車很多，車位不足，也不需要有人收費。收費的本質，是為了監督業主租車位。一般而言車位會相對稀缺，但是我們這個小區一期，當時建於城郊，如果發售不來個開門紅，很可能滿盤皆輸。考慮這一點，開發商設計樓盤的時候會降低容積率，搞好示範盤，周圍空曠，故車位足夠。

而 B 區車位價格顯然是賣得偏低了，發售前一晚，不少

第三卷
行：往來的
步履匆匆

業主甚至僱人通宵排隊。應該賣什麼價格，開發商不一定心裏有底，但如果價格定得過高，業主會有情緒，沒有一次性賣完導致空車位太多，也使沒買的人容易搭便車，加大了後續銷售的困難，管理方需要增加額外的監管費用。

回頭說這位朋友的困擾，他的單位要圖發展，順應新業務的需要招聘了不少新人，導致分工過細，互相扯皮的現象屢有發生，流動性也高。如同有空車位會增加監管費用那樣，人員過多也會導致員工工作散漫，人浮於事。我對他說，適當減員提薪，或許是一個更適合的辦法。

這些外貿文員領取的是固定薪金，容易通過電腦打卡來監督其出勤天數，但工作積極性以及效率是難以監督的，既可以三分鐘也可以三小時幹完一個活，市場並不會給出一個勤奮程度和各種辦公技能的具體考核標準。減少人數，並且將省下的錢通過提薪或者其他獎勵辦法分給其他人，職員會更自覺地約束自己的行為，提高工作效率。

近似做法有案可查。30 多年前，張五常教授曾經寫過一篇考察香港影劇院座位票價的文章，其中提到香港置地公司的案例，該公司經理在法庭上解釋說他們收的租金比同級的商業樓宇大約低 10% 的原因，是要借此給租戶壓力，促使他們遵

守準時交租等協議。特別是那些裝修好再租給客戶的物業，長期穩定的租戶比頻繁變動的租戶會更注重物業保養。置地公司適當降低租金的做法，實際上等於拿出一部份費用來返還給優質租客，這筆費用在他們看來甚至是低於拖欠租金以及頻繁變更租戶等帶來的損失。

而有經濟學家總結這些現象，提出效率工資假說，認為僱主為了激勵員工會用高於均衡價格的工資來僱用他們，以便提高員工的效率。但均衡價格是多少不易得知，比如我這位朋友那裏，員工較多的時候每個人的工作量和減員後是不一樣的，不同的工作無從比較是否高於均衡價格。故此效率工資一說，是無稽之談。

第四卷

趣：生活背後的經濟學

我們為何無法收看 TVB 廣告？

　　在珠三角地區收視率最高的 TVB 翡翠台，每年都有廣告頒獎晚會，表彰年度優秀廣告。每於此時，我們都會感嘆一番：這些廣告咋都沒見過？亦有朋友去香港遊玩，看到真正完整版的節目，回來會對本地插播的垃圾廣告痛罵一番。

　　是的，從電視廣告大致可以看出一個城市發展的水平和素質。廣東省各地區播放香港電視節目，默認規則是插播自己的廣告，而這些廣告製作大都惡俗粗鄙。而近幾年我們看得最多

的香港廣告，可能是劉德華關於服務態度的公益廣告了。

我們為何無法收看 TVB 廣告，其實並非一個簡單的問題。廣東省珠三角等地區由於毗鄰港澳，20 多年前就可以收看那邊的電視節目了。那時候，各家各戶的魚骨天線蔚成一景。如今，因為政策上禁止私人使用衛星接收器，對於大多數地區，要收看香港電視台，就必須通過各地的有線網絡了。

雖然地方有線電視台各有各的利益，但一直以來是作為某種政策宣傳工具，屬於宣傳部門所管。這就阻礙了其他資金的進入，要併購組建成現代型的企業暫時是不太可能的。而衛視台要落地，必須向地方廣電系統支付費用，也就是所謂的落地費。全國各地有大量的有線網絡，各有各的利益，談判成本居高不下。並且還有所謂的省網、市網、區網並存的區域，這些地方更為複雜。比如，某衛視要想將成都市武侯區全部覆蓋，就必須同時與四川省網、成都市網和武侯區網三個網絡簽訂落地協議。此前，正是由此鬧出了風波：浙江省寧波市廣電系統由於和湖南衛視關於落地費的協議無法達成，中斷了其節目信號，引起媒體廣泛關注。

以 TVB 為代表的香港電視台，由於歷史和地域原因，一直被默許在廣東地區的電視台播出，但很長一段時間都沒有取

得正式的落地權。直到 2002 年和 2004 年，亞洲電視和 TVB 才正式落地廣東省，但由於廣告分成問題，雙方最後沒有談定而擱置至今。

顯然，這涉及兩種不同的合約。內地衛星電視台通過向地方有線網絡支付落地費，播放自己的節目，賺取廣告收益，這是租金合約。然而，由於 TVB 屬於外資電視台，落地費的談判成本更高，就試圖換一種合作模式：TVB 提供電視節目，默認廣東省地方電視台插播自己的廣告，然後進行廣告分成。這就是分成合約了。

從經濟學的視角看之，因為未來收入的不確定性，雙方預期也不一定相同，所以可能難以訂立一個雙方都滿意的租金合約，這時候市場雙方就會趨向分成合約了。但與租金合約相比，分成合約也存在監管費用和量度費用都比較高的問題。兩弊相衡取其輕，要看不同的約束條件。內地不少衛視台採用租賃有線網絡的模式，一是可以提高收視人數，二是可以爭取更多地區商家的廣告投放。這也是雖然要和各地區有線網絡談判，但他們仍大多採用「落地費」這種租金合約模式的原因。而 TVB 等外資電視台被允許進入的地區有限，受到更多的監管和約束，並且 TVB 一直是面向香港的電視台，廣告來源大

多數是香港本土，而這些廣告的商品，大多無法正常進入內地市場銷售，不像內地各省商品是可以自由流通的。這樣雖然播放區域增加了，內地投放廣告增加了，但是廣告是有區域性的，這會抵消部份廣告效應。

故此，與內地電視台相比，租金合約的成本更高了。當然，如果內地能夠大力推行改革，放開資本進入限制，全國各地的有線網絡會有一輪兼併或合作浪潮，電視節目供應商和有線網絡之間的租金合約談判成本會大減，並且外資電視台可以落地全國。那時候，內地的份額會異常重要，TVB 就極可能也採用租用有線網絡的模式。我們就可以看到真正來自 TVB 的廣告了。

不過，這些廣告很可能會變成內地商家的了。

Wi-Fi 信號共享**到底**誰不爽？

　　隨着智能手機等移動上網設備的普及，有 Wi-Fi（一種允許電子設備連接到一個無線局域網的技術）信號的地方也越來越多了。小米公司曾經在 MIUI 系統中推出 Wi-Fi 密碼共享功能，用戶可以把自己使用過的 Wi-Fi 一鍵分享給其他人。其他人不需要知道密碼，點擊這個分享鏈接即可連 Wi-Fi。當時，該功能一推出便引起業界極大的關注，旋即批評也接踵而來。

　　有人認為這極大地方便了用戶在公共場合使用 Wi-Fi，而

也有人認為這等同於盜竊，因為既然別人設置了密碼，就意味着不允許透露給其他人，你來我這裏消費，我才允許你使用Wi-Fi。

小米公司的做法錯了嗎？實際上，即便沒有這個分享功能，去過咖啡店的顧客會知道密碼，他可以告訴他的朋友，這算不上什麼道德問題。還有，現在手機、筆記本等移動設備基本都帶有熱點功能，可以把自己作為信號源，供其他人的移動設備使用。

在理論上，店方完全可以要求顧客簽訂合同，規定此密碼只能自己使用，不能透露給別人，並且不能以咖啡店的Wi-Fi信號生成熱點，因為門口的路人可能會因此蹭網。但在現實中我們沒見到這樣的合約，這是什麼原因呢？

市場有交易費用，合約的達成、保護均有成本。當這個成本高於合約本身帶給締約人的好處時，合約就不會達成。一般Wi-Fi信號接收距離有限，碰到有建築物的遮擋會大大衰減，這一點是重要的約束因素。有人會為了蹭網一整天坐在咖啡店的門口嗎？

故此，其實不少消費場所為了省下每次都告知顧客密碼的麻煩，乾脆不設置密碼。有人擔心家庭Wi-Fi也會洩密，首先，

去私人場合會把密碼分享出去的行為極少，而且小米的共享功能也有相應的防範機制，就是要達到多少人共享才能判斷為公共場所的 Wi-Fi。還有就是私人使用的網絡也完全可以在路由器上綁定 MAC（媒體訪問控制）地址。

Wi-Fi 共享功能其實是方便顧客同時也方便商家的，它不需要頻繁地把密碼告訴每一位顧客。故此，我懷疑那些反對聲音當中有多少真正來自商家。雖然最後小米公司宣佈暫停該功能，並且銷毀了保存在雲端服務器的數十萬個公共場所的 Wi-Fi 密碼，但我認為其他手機系統很可能會跟進。我覺得有意思的一個問題是如果有咖啡店店主把提供共享功能的手機生產商告上法庭，認為此功能侵犯了店方的權益，這個官司結果會如何呢？我認為勝算概率不高。

舉這樣一個例子吧，一條街道兩旁是騎樓（騎樓就是用立柱支撐形成內部人行道的南方一些地區的特色建築）。其中一棟是你家的，你把門口的水泥地換上了光滑的瓷磚。有行人路過摔倒了，法官很可能要判你賠償。為什麼？因為由你負責維護門口路況的成本比由每個經過的行人都要小心翼翼的成本低得多。這是近半個世紀以來法律受經濟學影響的結果，代表人物是著名法官波斯納。而思想的源頭，要回到剛去世不久的科

斯教授那裏。

科斯定律的一般表述，是在交易費用為零的情況下，市場會自動達到帕累托最優狀態。牧民養的牛吃了農戶家的麥苗，如果判定牛有權吃麥苗，而農戶損失的麥苗所值大於牧民養牛收入的增加，農戶會給牧民錢要求牛不吃麥苗。如果判定農戶有權保護自己的麥苗不給牛吃，而牧民養牛的收入增加大於麥苗的損失，牧民會給農戶錢購買牛吃麥苗的權利。

交易費用為零，資源使用效率和初始狀態無關。但在現實中交易費用不可能為零，那麼權利的安排如何才有效率呢？這是從科斯定律引申出來的重要問題。而法律經濟學是把科斯定律融入現實中，以嶄新的視角重新看待權利。如果養牛和種植所在的土地產權難以分清，並且牛吃麥苗給牧民帶來收入的增加大過農戶麥苗收入所得，那麼法官判定牛有權吃麥苗就符合效率和正義。

在現實中，所謂的「權利」並不是先驗、不容置疑的。隨着技術的進步，咖啡店等公共場所要限定其 Wi-Fi 信號只能供應給來本店消費的顧客使用的難度是越來越大了。防止 Wi-Fi 被共享的成本越來越大，從另一個角度來看，就是不值得保護了。

我們應該向印第安人學什麼？

　　上海作家張遠山曾經講過這樣一個故事：一個美國商人在印第安部落收購草席，開始的時候收購價是每張 30 美元。100 張賣完之後，商人又訂了 1,000 張，出價每張 25 美元。而酋長不同意，每張要價 50 美元。商人說這違反商業規律，酋長卻說，大家現在要花費更多的時間去編草席，必須非常痛苦地每天幹一樣的活，因此收費要提高。

　　這是一個相當有趣的故事，商人認為買得越多，單價應該

越低，酋長則相反。商人與酋長的分歧，在於各自不同的視角。美國商人是基於自己的經驗常識也就是他所說的「商業規律」出價的，這個傳統經驗就是「買得越多越便宜」。從整個社會來看，一種產品的生產數量增加，平均每件產品的生產費用可以降低。其中的邏輯推理也不難理解，因為生產所需的機器設備、工廠所佔用的土地、支付給非計件工人的固定工資、其他一些固定項目開支，這些費用無論產量多少都是一樣的，經濟學家稱為固定成本。產量越大，固定成本攤到每單位產出的成本就越低，總成本會有所降低。這正是商人要求降價的原因。

而以酋長為代表的印第安人，他們是從另外一個角度考慮的。他們編草席是為了換取基本的生活資料，而他們悠閒地聊天說笑的時間，可以看作一項收益。這是需求定律起的作用，悠閒的時間越少，人們為之願意支付的代價就越高。如同越口渴的人，願意為一瓶礦泉水支付的錢就越多。因此，美國商人希望購買更多的草席，印第安人無疑會付出更多的勞作時間，他們就更願意為悠閒的生活支付更高的費用了（放棄了的收入是「悠閒」的費用），也就是說，他們更願意休息。一個極端的例子是有人讓你從現在開始，一刻不停地勞作，直到生命最後一刻，恐怕給多少錢你也不會幹。因為你知道，金錢如果不

能用來換取衣食住行和物質精神上的享受，它是沒有任何價值的。

可以說，美國商人和印第安人酋長都沒錯，都是經濟規律起的作用。至於商人最後是否會接受酋長的開價，這個問題的關鍵之處，要看商人能把草席賣出多少錢，以及是否可以找到開價更低的賣草席者。如果印第安人草席的價格不肯降低，而商人覺得此價買入沒有利潤甚至虧本，他是會「揮一揮衣袖，悄悄離去，不帶走一張草席」的。

現實中，我們大多數人都容易心領神會美國商人關於批量價格的商業經驗。但很多時候，我們不一定具有印第安人的傳統智慧。我們常可從媒體上看到一些所謂的成功人士追憶人生，後悔錯過了許多東西。或許有人認為那是他們的矯情，但是我相信他們的悔意是真實的：他們或拼搏於商場，摸爬滾打，錙銖必較，從無到有，從小到大，建立起自己的生意；或專注於某技術領域，夜以繼日地研究，在各式各樣的實驗、數據中冥思苦想；或穿梭於官場，察言觀色，文山會海，隨着年歲增長終於使自己在別人嘴裏的稱謂從「小×」改成了「×老」，而非「老×」。

幾句老話了，「有時間的時候沒錢，有錢的時候沒時間」；

「年輕的時候用健康換金錢，年老的時候用金錢買健康」。這些人並非真正沒有時間，而是全身心沉浸於追名逐利之中，到最後才發現，自己是放棄了更多的其他美好的東西：悠閒、健康、讀書、思考、音樂、旅行……這些東西，其實是人生更重要的組成部份。所謂少年子弟江湖老，紅粉佳人兩鬢斑，歲月不等人，我們實在應該向印第安人學習，別在蒙頭經營的時候，失去了生活中更多的美好。

消除歧視要從允許「歧視」開始

　　央視每年的「3‧15」晚會都會引發人們對產品質量問題的探討，而 2013 年的「3‧15」晚會所做的重頭戲報道——蘋果手機在售後維修條款中存在歧視中國消費者現象。因為微博轉發風波以及《人民日報》連篇累牘的評論更成為當時的焦點話題。

　　我們知道，對待故障手機，蘋果公司通用的做法是除了攝像頭等極個別零件以外一般不做維修，而是直接整機更換。然而正是這一點被央視等媒體質疑，因為在中國並不更換後蓋，

而在英美等國是連後蓋一起更換的。故此他們認為蘋果公司在對待故障手機保修方式上是中外有別，刻意歧視中國消費者。而不更換後蓋的原因，就是為了規避整機更換要重新計算保修日期的責任。

媒體的依據是我國 2001 年頒佈並於當年 11 月 15 日開始執行的《移動電話機商品修理更換退貨責任規定》。該規定第二十一條註明，商品三包有效期自換貨之日起重新計算。其實該規定其他條款列明了換貨的條件，包括售出前幾天內出問題無條件更換，還有不能在一定的時間內修好或者經過多次維修仍然修不好的機器。

我們也可以看出這個規定本身存在的含糊和矛盾之處：直接更換新機，保修日期要重新計算，但是以維修之名則直接延續原來的保修期即可。手機業界的通常做法是，對出現問題的零部件進行維修，而不是整機更換。蘋果公司的做法並沒有低於業內標準，也高於該規定要求的對多次維修不好或者在要求期限內修不好的機器需要更換的標準。

事實上，蘋果公司對中國用戶的手機保修標準，也沒有低於外國。例如在美國，蘋果公司的保修細則列明，無論是更換零件還是整機更換，都會延續原來的保修時間，最低給予 90

天的新保修期限。有些媒體說蘋果公司在英美等地更換新機後重新計算保修期，這顯然是謠言。

至於蘋果公司對故障手機不維修而是直接更換的原因，我估計這有着預防質量事故糾紛以及產權保護上的考慮，故此不希望通過特約維修商家來維修，而是寧願選擇通過直營店直接更換手機。

蘋果在中國不更換後蓋，就是為了應對有關條例規定中的不合理條款。以此類推，我們表面看到的一些所謂「歧視」的現象，背後有着各種原因。商家因為地域、消費群體而採取不同的保修條款的例子數不勝數。

例如家用電器廠家會針對商業或家用有不同的保修條款，我們生活中就有這樣的例子，有市民買了某牌子的電冰箱，放在飯店使用。有一天冰箱不製冷，經檢查發現是冰箱的蒸發器和製冷管壞了，而保修卡裏寫明主要零件保修十年。該市民申請保修時卻被告知該冰箱屬於商用，只能提供一年的免費保修。

商家因為不同的用途而規定不同的保修條例，商用性質冰箱使用更頻繁，損耗無疑更大，保修期限比家用更短，這完全合情合理。如果我們硬性規定不能這樣劃分，要一視同仁，這樣的結果無疑是降低了家用冰箱的保修年限，因此受損失的是

更多的消費者。

還有更明顯的「價格歧視」，連鎖快餐店不同時段價格不同，還在網站上放優惠券，你打印出來再去購買食品能獲得折扣。兩個人同一時間購買同一種食品，價格完全不同，這種價格歧視有目共睹，也堂而皇之為大家所接受。

一般而言，經濟學裏說的歧視，是指僅僅因為是種族、宗教、性別、年齡、長相等的不同，市場提供了不同的機會。然而，在很多情況下，我們無法確定機會的不同是否是這些個人能力之外的特點導致的。兩個求職者，成績一樣，但你招了其中的男性，這構成歧視嗎？或許你需要招聘的是一位偶爾能幹體力活的員工。餐廳拒絕衣冠不整者，儘管他們出得起價錢，這是歧視嗎？要知道，他們的出現會降低環境租值。

有人埋怨市場導致了歧視，事實上恰好相反，市場競爭成本低者勝。有人如果以種族、長相等原因歧視消費者，他們往往會在市場中落敗。回到問題的本質，我們無法逐項去弄清楚商家採用某種價格或者服務條款的具體原因，但是市場競爭無處不在，如果我們打着禁止歧視之名限制商家採取不同的條款，消費者的處境會更糟糕，而真正的歧視亦無從改善。要消除歧視，就要從允許「歧視」開始。

如何遏制「過度包裝」？

近年來，隨着電子商務和快遞業的發展，過度包裝問題日益凸顯。政府在呼籲企業和消費者要樹立綠色消費觀念、自覺抵制過度包裝的同時，也在採取切實措施，從政策、法規等角度，做好循環經濟、環境保護的工作。

早前廣州通過立法規定商品與包裝物將分開銷售，這無疑正是針對月餅盒豪華包裝等在各行業廣泛存在的「過度包裝」現象。

要下對藥，首先要診對症。大家都知道「過度包裝」對企業而言只會增加成本，為什麼他們要花那麼多錢在大家看來沒必要的包裝上呢？企業的服務對象是消費者，他們在不斷地揣摩消費者對價格、質量、包裝等的需求變化。因此，真正的問題是該問一句：為什麼消費者選擇的是那些「過度包裝」的商品？一部份所謂的「過度包裝」其實和商品的特殊要求有關，比如很多商品（特別是食品）有保質期，而包裝無疑是影響保質期的重要因素。比如茶葉，有些大包裝裏還分開小包，是因為開封後利於存儲。

我們關注的是那些表面看來沒必要的「過度包裝」。銀行喜歡「過度裝修」（比如建造很宏偉的辦公樓、在外牆上選用豪華的裝修材料），它實際上是想通過豪華的大樓提供一個這樣的信息：我們實力雄厚，是值得信任的。企業無疑也是想給消費者透露類似的信息：我們的產品是信得過的。在一個偽劣商品較多的社會，這樣的信息非常有效。故此，維護市場秩序，打擊偽劣商品，有助於人們加強對優秀商品的信心。

另外一個因素，和經濟學裏所謂的「外部性」術語有關。包裝增加，企業成本增加，與此同時，包裝物也造成環境污染，社會成本也增加，而企業並沒有承擔「過度包裝」成本的

全部。既然我們遏制過度包裝的根本目的是為了保護環境，那麼把包裝導致的環境污染成本交給購買這些商品的企業和消費者負責，無疑是最有效也是最公平的。這實際上就是一個外部性內部化的過程。如何建立一個能由市場去調整污染權利分配的機制，是最為考驗管理者智慧的。

此外，曾有人說過，「過度包裝」的規模化效應是由公款消費支撐起來的。這話不無道理，因為關於公款吃喝和公款送禮的法律界定還比較模糊，缺乏制度監督，這無疑促進了炫耀性包裝市場的繁榮。

故此，所謂「過度包裝」現象的背後，是和不少因素相關的。從成本角度看，「過度包裝」帶來的好處，足以抵消由此增加的費用。要解決這些問題，在維持好市場秩序的同時，減少權力的尋租空間，遏制公款消費也是非常必要的。

古玩市場裏的「撿漏」經濟學

　　數年前的一天，和朋友逛某古玩城。一位店主鄭重其事地拿出兩個盒子，依次打開套着的兩個內盒後，小心翼翼地展開，是用玉雕琢成的佛經，共 18 冊，開價數千元一本。佛經的文字我不認得，也沒有辨別真假的本領。但如果是真的，正如一旁的朋友所言，可是國寶。盒子放一邊，也是雕工精細。奇怪的是，盒子上寫着屈原的《離騷》。我一眼掃到「長太息以掩涕兮，哀民生之多艱！」這句時，便啞然失笑。「長」字

竟然是簡體！細看後面還有幾個字也是簡體。

　　朋友說，這並不代表佛經是假的，有簡體字的《離騷》有可能是原來盒子上字跡已模糊難辨，後人抹去舊文再刻上的。然而，他並沒有買下來，這也證明他心裏其實是沒底吧。否則數萬元購買一件國寶級藏品，是不折不扣的「撿漏」了。

　　我一直覺得「撿漏」這個詞很有意思。所謂撿，形容價格低廉如同拾得，而漏則是別人的。這麼一組合，能讓人兩眼放光，彷彿一筆橫財唾手可得。收藏界也不斷有「撿漏」的故事傳播，例如買蜂蜜意外得元青花、十元淘來的古玉、地攤偶遇青銅劍……

　　我們都知道，市場之下，物各有價。當然同一件物品賣不同的價格是存在的。地區不同，或者同一地區批發市場、超市、零售商場價格也有不同。你要買一件商品，花費的時間和精力越多，得到的價格信息會越完備，你就能以更低的價格買到。然而，因為搜尋本身是需要費用的，搜尋成本太高，會得不償失。你要買一卷膠布，樓下小賣部要 2 元，你雖然知道 3 千米開外五金店 1 元可以買到，但你不會專門去一趟。但如果你要買一台大屏幕液晶電視，你會花費幾個週末，跑完各大電器城，權衡對比才能選定。

古玩市場裏的信息費用是很高的，信息費用高的原因是買家和賣家存在的信息不對稱。一般而言，賣家對自己銷售的商品會掌握更多的信息，因為他知道貨物的來源，並且因為他是賣家，會收集更多關於自己所賣物品的信息，故此會比一般買家掌握更多的信息。當然，如果買家本來就是內行，擁有較高的鑒別能力，那另當別論。而「撿漏」的依據剛好相反，大多數盼望着「撿漏」的，都是不具備專業知識的人。他們希望自己能偶遇稀世珍寶，而對方又懵懂不知。這個概率其實遠低於一大沓人民幣於街頭無人理睬。

　　當然不是說絕對沒漏可撿，然而我們聽來更多的是欲「撿漏」反而上當的故事。售假者都是信息理論的專家，他們會想方設法編造故事，或者帶着買家兜兜轉轉，造成一種增加搜尋成本的印象。也就是說，這件物品是藏在深閨少人見到。如果你在人流旺的道路邊見到一棵果實纍纍的李子樹，那多半是不好吃的。但是，如果你翻山越嶺在人跡罕至之處碰到這樣一棵樹，你很可能會一試。收藏市場其實也是知道這個道理的。有人在鬧市擺賣瓷器說是元青花，要價 3 萬元，沒人會相信。但如果你在窮鄉僻壤之處，於一破落門第裏看到一個落滿灰塵的花瓶，恐怕你會油然而生這回要「撿漏」了的感覺。

經濟學的
尋常巷陌

因此，我們常常見到的，現實中不少人因「撿漏」心理而上當的案例，大多有類似上述的場景。他們不會名正言順告訴你這是元青花，賣 3 萬元。他們都裝作自己是傻子，要讓買家相信對面的人不知世事、愚不可及。

最後想起一則笑話，以此警醒那些總想着「撿漏」的朋友：一個老頭賣貓，有人認得旁邊裝貓糧的盆子是寶物，意圖「撿漏」，於是高價買貓後裝作不在乎的樣子索要貓盆。老頭笑着說不送盆，我正是靠它才能一天賣了十多隻貓。

秦堅賣衫的 *絕招*

鄭燕開了一家國內某知名品牌服裝專賣店，然而起初生意非常清淡。想盡一切辦法甚至打出七折銷售的廣告也無濟於事。

鄭燕與秦堅密謀。秦堅到店裏和周圍轉悠了幾圈，然後回到店裏，把一些衣服上幾個紐扣的線剪掉一些，並故意顯露出來，然後叫鄭燕在門口掛了這樣一個告示：

特價信息！本店從即日起，將特供部份紐扣線頭稍有瑕疵

的衣服，按原價七折銷售。

非常奇怪，從那以後，人竟然慢慢多了起來。月末一結算，鄭燕喜上眉梢，亦百思不得其解，問道於秦堅。秦堅嘿然一笑道：「不可說，不可說，天機不可洩！」

當然，秦堅為了自己的耳朵着想，是不可能不說的。因為鄭燕是他的老婆。

事實上，他們開的間店，原來生意的清淡，是和周圍消費群體有關的。這地段位置一般，並非繁華的商業區，周圍都是賣普通品牌的商店，因此高端客戶不多。而那些收入不那麼高的客戶，打折對他們雖然有誘惑力，但看到是新開的店，以及猜測好端端的衣服為何要打折，難免狐疑百般，猜測是否為假貨。秦堅揣摩顧客的心理，巧妙地搞了一點無傷大雅的破壞，然後以此為打折依據。人慢慢多了起來，有些嫌麻煩以及愛面子的，會買好的不打折的衣服，而不少收入不那麼高的人會買七折的「稍有瑕疵」的衣服，然後自己用針線，或花費兩塊錢找人稍做縫補。這樣的結果，是把兩個層次的人都吸引過來了。

奇怪的是，秦堅沒讀過經濟學方面的書，之前還就勞動價值論的問題和我面紅耳赤地吵了一次。然而，就他幫老婆賣衣

服的辦法，卻恰恰是對勞動價值論的最好反駁。顯然，他們折價賣掉的那些衣服，付出的勞動成本是更高的，因為需要另外花費時間去「加工」，故意挑斷一些線頭。

事實上，市場裏類似的行為遍地都是。比如 HP（惠普）的打印機，型號不同的兩款產品，有些支持功能更多，用起來也更方便，當然價格會高一些。然而，售價較低的並不一定是因為製造成本更低，可能恰恰相反。實際上，包括 HP、IBM、EPSON（愛普生）等製造商，都曾經在其產品中加入芯片，讓其速度慢一些，使用不那麼方便，變成一款售價較低的產品。

更普遍的例子在軟件上。例如軟件巨頭微軟公司的各版本操作系統和辦公軟件，分專業版、企業版、精裝版、家庭版，讓人目不暇接。就目前使用最多的 Windows 10 系統而言，除了比較昂貴的專業版以外，微軟公司更是花費精力，去掉裏面的一些功能，對網絡做了一些限制，包括不允許加入域等，推出了一個家庭版，售價低很多。

市場是精明的，大到跨國公司，小到秦堅鄭燕兩口子的服裝店，不約而同地採取相同的銷售策略。在經濟學中，這叫價格歧視。一瓶礦泉水，張三口渴了，願意支付 5 元，李四願意

出 3 元。賣水的想賺得最多，最好的辦法是將這瓶水 5 元賣給張三，3 元賣給李四。但是，這種定價策略的困難之處在於，李四會 3 元買水，然後 4 元轉賣給張三。

市場上有不少對策，例如可以進行身份鑒定，電影票、火車票對學生半價就是一個例子，消費的時候要檢查證件。還可以按照不同層次客戶的消費習慣來區別，例如航空公司週末的票價會很低，就是把商務客戶和普通客戶區別開，「歧視」收費。還有另外一種辦法，就是在產品上琢磨。可以把賣給張三的水用漂亮的瓶子裝，名曰「精裝」，售價 5 元。賣給李四的水用不太好看的瓶子裝，售價 3 元。

秦堅雖然腦袋裏裝了不少上中學時所學的勞動價值論等觀點，然而他手起刀落，實踐的卻是用價格歧視實現收入最大化的本事。這並不矛盾，因為市場並不看你說了什麼，而是看你做了什麼。設想一下，秦堅鄭燕兩口子堅信勞動價值論、成本決定價格等觀點，他們就應該花費重金，請裁縫師傅夜以繼日、花費一年半載的時間去製作一條褲子，然後在門口掛一個牌子，上書褲子的製作工藝和耗費時間，等着有人用 100 萬元買下來。

囤積何以居奇？

「囤積居奇」四個字屢見於報端，每每有物價升勢不減之時，人們都用它來批評那些為富不仁的商家，認為正是由於他們把商品囤積起來，秘而不售，等待物價上漲之後才拿出來，是以能「居奇」，賺取更多的利潤。

最近幾年，無論是以豬肉、玉米為代表的最關涉民生的農產品價格，還是鋼鐵、水泥、石油等這些工業產品價格，都不斷地攀高。物價上漲問題關係到國家大局，關係到老百姓的切

身利益，因此政府部門積極應對，提出了具體的措施，其中就包括依法嚴厲查處那些捏造散佈漲價信息、串通漲價、囤積居奇、哄抬價格的行為，維護正常的市場價格秩序等。

做到囤積居奇並非一件容易的事。這個成語起源於呂不韋扶植秦昭王的孫子異人的故事。秦趙兩國經常交兵，子楚因澠池之會留在趙國做人質，加上本是庶出，異人在趙國的處境可想而知。呂不韋於是認為「此奇貨可居」也，日後會有巨大回報。最後的結果人盡皆知，子楚成了莊襄王，死後其子政成了秦王，尊呂不韋為相國。與其說呂不韋是囤積居奇，不如說他是在進行風險投資，收益巨大的同時，風險也是巨大的。

如今商家面對的是市場瞬息萬變的形勢，囤積商品的風險也是巨大的。如果囤積起來，日後價格果然暴漲，那是他們的眼光獨到，是他們的租值所得。這裏可舉一例，1999 年台灣大地震，由於台灣是重要的半導體生產基地，內存價格瘋漲數倍，一些有存貨的商家獲益甚豐。到了 2006 年，台灣再次發生地震，海底光纜被破壞，一切彷彿又回到了幾年之前，有的商家認為機會來了，大量購進，認為情境會重現，誰知內存價格幾天內稍有微幅波動之後，急劇下跌，那些自作聰明的商家欲哭無淚。俗語云「能知半夜事，富貴千萬年」，更遑論是

幾個月甚至幾年之後的商品價格。之前媒體報道，武漢一位女子，炒期貨從四萬元變成一千萬元，演繹期市神話之餘，轉眼就又由一千萬元變成幾萬元，一切又回到了從前。而期貨反映的正是未來商品價格的預期，這恰恰説明，人們對未來商品的價格是很難把握的。許多企業為了減少資金佔用，都盡量爭取降低庫存，以「零庫存」為目標。由此可見，囤積而能居奇，需要非常好的運氣。

前幾年不時出現的油荒事件，也被一些民眾和市場管理者批評為囤積居奇，其實是有所不同的。欲囤積居奇者，是因為不滿意目前的市場價格，故存儲起來，認為日後會漲價，例如呂不韋的故事是一種投資行為。而如今商家惜售汽油柴油，是因為本來的市場價格已經升高，但是由於價格管制，不允許按照國際市場的價格去銷售，故此加油站寧願不購進，石油公司寧願不生產或者是只願意出口而不願意在國內銷售。

向王子猷學習機會成本

2008 年股災，深滬股市指數較上一年高值時已跌去近 2/3，股民的心情也跟隨指數每創新低。無數人產生了一種「風蕭蕭兮易水寒，股指一去兮不復還」的悲涼。

Ada 無疑是其中一位，她全倉買入的某金屬股，現值不足買入價的兩成。她說，每天膽戰心驚地看着股指不斷下滑，4000 多點的時候曾經想過拋，但轉念一想，已經堅持了這麼久，虧了兩三成，現在拋了豈非可惜？這種想法一直如影隨形，

跟隨中國股市突破 4,000 點、3,000 點，直到接近 2,000 點。

看看如 Ada 一般想法泥足深陷於股市的人，其實就知道人們對何謂機會成本還存在很大的誤解。

有一則王子猷的趣聞，或許能給我們以啟示。王子猷是王羲之第五個兒子，為人處世喜率性而為，甚是有趣。《世說新語》裏有如下文字：王子猷居山陰。夜大雪，眠覺，開室，命酌酒，四望皎然。因起彷徨，詠左思《招隱詩》。忽憶戴安道，時戴在剡，即便夜乘小船就之。經宿方至，造門不前而返。人問其故，王曰：「吾本乘興而行，興盡而返，何必見戴？」

許多人對王子猷雪夜訪友的故事印象深刻，恐怕僅是感嘆其與眾不同的傻裏傻氣：雪夜跋涉，舟車勞頓，付出了這麼大的成本，來到門前，本來是推門就可以見到朋友的，卻不入而返。

或說此等行為體現了東晉名士的風采，這裏暫時不討論這點。實際上，王子猷恐怕要比很多人聰明得多。雪夜興起，意欲訪友，要達到這個目標，所付出的成本是一夜的舟旅。而經過一夜旅行，到達門前，表面看來，要拜訪到朋友的成本是大大降低了，只需趨前輕叩柴扉即可。這種想法其實是忽視了現實狀況的變化：一夜未眠，興頭已過，疲態盡顯。這時候造訪，

恐怕難有談興。總不會進門就對朋友說「抱歉，我睏了，借宿一下」吧？

那些認為王子猷付出了一夜舟旅代價怎麼說也要順便拜訪一下朋友的人，遠不如王子猷來得率性和灑脫自在，而是從頭到尾任務式地死守一個目標：我就是要見到戴安道！這不正如Ada一樣，念念不忘「這股我是40元買的豈能在這麼低位的時候拋掉」或「我上次20元沒拋現在10元拋了太虧了」嗎？他們都是誤解了「機會成本」四個字。所謂機會成本，沒有機會，就不存在成本。40元買的股票，如今跌到10元，你賣掉它的成本是和股票未來價格有關，和原來的價格無關。也就是說，如果預計未來這股還會繼續跌到5元，那麼現在賣掉它的成本是5元，而非40元。當然，如果你堅信股市很快會漲，那另當別論，因為此刻拋掉股票，成本大於收入，是不合算的。

不僅是股市，現實中還有不少例子，折射出人們對機會成本普遍的誤解。TVB劇集《尖子攻略》裏，歐陽震華飾演球隊總監，他毛遂自薦教學生經濟學，率領學生走上街頭，通過真實世界的事讓他們明白什麼是機會成本。等了20分鐘公交車還沒來，而目的地不遠，他於是帶同學走路回去。有學生問，等了這麼久才放棄，豈非可惜？另一個學生說出了答案：過去

了的不是成本，現在離開的成本和等待了多久沒任何關係。公交車這麼久不來，可能是出了問題，再等下去不划算。

　　這個場景令我感觸萬分，因為自己有同樣的體驗，是「誤解機會成本」的受害者之一。有一晚按往常經驗時間在候車亭等最後一趟公交，過了十分鐘沒車來，便開導自己，或許是車去加油了，再等等。繼續等了十多分鐘，車還沒來，本想攔出租車回去，仍然自我開導：等了這麼久就走，似乎浪費了一點。於是乎，那個晚上，我就一個人在那裏傻乎乎等了差不多一個小時，最後才猛然醒悟我該打車回去了！後來上網查詢到那條線路的最後一班車取消了。

從「田忌賽馬」看信息不對稱

多年前，六歲的侄子邦幫纏着我玩「鋤大地」的紙牌遊戲。一副牌去了大小王，分成四份，每人抽一份玩，打完之後再玩剩下的。分好牌，我發現自己牌裏夾了一個王沒有拿開，問邦幫怎麼辦。邦幫看了一下自己的牌，然後去剩下的一份中抽出一張紅桃2給我。我對此非常納悶：鋤大地的規則就是以大2為最大，「2、A、K、Q、J、10……」這樣的大小順序的，他為何會給我一張好牌呢？我本來的牌已經不錯，加了一

張 2，不費吹灰之力就贏了這小子。然後，我們取剩餘的牌，繼續下一把。當他把剛才抽了一張紅桃 2 的那份牌推給我說這是你的，我頓時明白了怎麼回事。

原來這小子看前一副牌太差，知道凶多吉少，剛好我缺了一張牌，他就從剩下的一份牌中抽了一個最大的給我。反正第一把他知道輸定了，而這樣幹，他下一把贏的概率就增加了。當時的我實在吃驚，那時的侄子絕沒有讀過田忌賽馬的故事，而他的做法，可是和孫臏的謀略如出一轍啊。

田忌賽馬是一則人盡皆知的典故，人們常常引用這則典故來反映以弱勝強的智慧和謀略。在乘機講這個典故給侄子聽的時候，我自己卻起疑了。

為了避免翻譯後的文字誤會，這裏引用《史記》關於田忌賽馬的記載如下：忌數與齊諸公子馳逐重射。孫子見其馬足不甚相遠，馬有上、中、下輩。於是孫子謂田忌曰：「君弟重射，臣能令君勝。」田忌信然之，與王及諸公子逐射千金。及臨質，孫子曰：「今以君之下駟與彼上駟，取君上駟與彼中駟，取君中駟與彼下駟。」既馳三輩畢，而田忌一不勝而再勝，卒得王千金。

我起疑的是「馬有上、中、下輩」這句話的真正意義。

它所闡述的，究竟是比賽規則，還是馬的本身客觀特點？就是說，這句話的意思是「劃分為上中下三個等級進行賽馬」還是「孫臏能看出馬的上中下等級」？

如果是第一種，也就是，雙方按照馬的上中下三個等級分別比賽，這種比賽需要一個區分馬匹等級的中間評定機構，否則只能建立在雙方誠信的基礎上了。我看過一些給小孩的讀物談到這個比賽，說的是「雙方各自在自己的馬匹上做出上中下等級的標記來進行比賽」。如果這種解讀是正確的，那麼在這個按照比賽次數定輸贏的博弈裏，馬的上中下等級就是一個非常重要的信息了。那孫臏其實是教田忌作弊，用自己的下等馬冒充上等馬進行比賽，在雙方馬匹腳力差別不大的情況下，增加了勝算的概率。

一個比賽如果要靠誠實來維持，這種比賽的穩定性是值得懷疑的，因為作弊的成本太低。故此田忌賽馬中「馬有上、中、下輩」的更可信解讀，應該是比賽本沒有規定按照怎樣的次序進行，而是孫臏能夠看出來對方哪一匹跑得最快，哪一匹跑得最慢。然後看對方每場比賽出來的是哪個級別，用下對上、上對中、中對下的策略輸一贏二，贏得了整場比賽。

和田忌比賽的那一班貴介公子，相馬的本領相比熟悉兵

法戰術也久經沙場的孫臏，當然不可同日而語。由於這種信息不對稱，比賽的性質其實已經發生了變化。田忌賽馬的真正內容，其實是孫臏相馬。

要想使比賽的結果最公平地反映馬匹本身的奔跑速度，這個比賽的規則需要修改，要減少信息不對稱。比如，可以一場定輸贏，雙方都會老實地拿出自己最好的馬進行比賽。如果要比賽看誰擁有良駒多，也可以選一塊大的場地，讓多匹馬一起競逐，看前三名馬匹誰佔有的多，則誰為贏家。

市場交易也是一樣，經濟學家認為，信息不對稱導致市場交易雙方的利益失衡，影響公平和公正，有損效率。因為信息本身也是一種租金，擁有信息較多的一方獲勝的概率增大。劍橋大學教授詹姆士‧莫里斯就是因為關於信息不對稱的研究貢獻獲得 1996 年諾貝爾經濟學獎的。他在重要論文《最優所得稅理論探討》中，探討的就是政府在面臨信息不完全（按照稅收與收入關聯的原則，富人會隱瞞自己的收入）的情況下，如何設計一個能誘使人們說實話的最優稅收機制。

人們津津樂道「田忌賽馬」的典故，然而，從我六歲的侄子可以天生掌握就可以看出，這種謀略本身其實並不反映什麼高深的知識和智力。一個社會如果盛行這樣的謀略，這個社會

肯定是低效率與不成熟的。因為這種社會制度會導致人們的大量精力耗費在田忌賽馬這般的所謂「謀略」上去。

這個女孩該不該上大學？

　　成都的女孩玲玲考上了本科，但是卻非常苦惱。因為她的父親不支持她上大學，認為花幾萬元去讀大學是一件蠢事，畢業出來不一定能找到工作，即便找到了，月薪只有兩三千元，現在去工作也有這個收入。因此他認為不應該浪費錢財和時間去讀幾年本科。

　　這則新聞曾引發了媒體廣泛討論，更多的人對這位父親所言有所感觸。現在普通大學的畢業生找工作不易，起薪點不

高。而一些文科生更缺乏一技之長，只能找一些普通文員工作，收入不如工廠工人者比比皆是。

有人認為這是讀書無用論捲土重來。讀書無用論之說其實從 20 世紀 90 年代末期大學擴招之後時不時被提及。上大學一年比一年容易了，錄取分數線也一降再降。大學生的數量比以前大為增加，並且大學產業化，讀大學的費用也慢慢轉由個人承擔了。

而在這個過程中工業化進一步推進，消化了大量農業人口。現在勞動力越來越值錢，一個中學畢業生經過簡單培訓就能成為一名產業工人。相比較之下，成績和家境都一般的人可能就會選擇早點工作。

而上一波讀書無用論是 20 世紀 80 年代。那時經濟改革開始不久，被壓抑了許久的市場開始復甦，私營經濟快速發展，最先進入市場的一批人嘗到了甜頭。而那時大學畢業生還靠國家分配，一般是國企、醫院、學校或者政府事業單位，這些地方收入微薄，即便公務員也開始下海。學子十年寒窗之後，發現收入還遠不如做小買賣的人，心理落差可想而知，「造原子彈的不如賣茶葉蛋的，拿手術刀的不如拿殺豬刀的」是當時的寫照。

讀書無用論的出現，的確有客觀背景，本質原因是大學教育體制的問題。比如 20 世紀 80 年代的大學，還停留在意識形態教育，對合約、市場等知識一無所知，根本不具備為迅速發展的市場提供技術和知識支持的條件。倒是那些因為生計而不得不在市場打拼的人，他們在實踐中摸索掌握了直接的經驗和知識。

現在的情況有點相似，雖然大學體制與之前相比有所進步，意識形態進一步淡化，但是國家管控大學教育的現狀還沒得到根本性的改變。大學生既沒有學到多少實際的技術，也缺乏深層次組織和思考能力。反倒是那些技校畢業生因為得到直接技術培訓，更受市場歡迎。

這個情況也為科斯教授所關注，他認為：「如今的中國經濟面臨着一個重要問題，即缺乏思想市場，這是中國經濟諸多弊端和險象叢生的根源。」思想市場的興起關鍵在大學，如今國內大學教育是時候對外開放和引入競爭了。

回到這位成都女孩的實際問題上。如果她成績太差，勉強去上個大專混個文憑，的確是得不償失，但她考上的是不差的正規大學本科。雖然有中途輟學的可能，甚至沒讀過大學的人收入水平也不錯，但我們同時要看到，在平均水平上，教育程

度還是和收入成正比。

　　她現在就出來工作，月收入兩三千元，看似和大學畢業後的收入差不多，但我們要看長期的收入。讀書不多的工人，可以做流水線的簡單操作，知識積累不多。而讀完大學，自學能力會增強，起點不一樣。即便畢業出來也是兩三千元的收入，但隨着經驗增加，收入增幅一般會比沒讀大學的要高。更何況，大學的氣氛畢竟非中學可比，增廣見聞、結識良師益友等可都是「收入」。

　　如果這個女孩經商頭腦不錯，或者有某些出類拔萃的天賦，能夠發現商機，時不我待，不讀大學早點進入社會也未嘗不可，我們津津樂道的微軟比爾‧蓋茨和谷歌佩奇就是例子。但是正因為她水平屬於中上，複讀後才考上本科，在這種情況下，周圍環境會對她有較大的影響。我認為她應該去上那所水平還可以的大學，她父親的執着是淺見了。

友邦驚錢論

　　哈佛大學教授桑德爾這兩年很紅，他講授的公正學課程在網絡得到廣泛傳播而為中國人所熟悉，而他對市場的質疑和對金錢的反思更曾成為媒體焦點。

　　他說在中國香港坐地鐵多花點錢可以坐頭等車廂，那裏寬敞很多，連播放廣告的聲音都更柔和。在機場排隊等待安檢，只要掏錢就能直接進入快速通道。在美國，有遊樂園門口也赫然貼着「只需 149 美元，就可以直接插隊排前面，馬上享受每

個項目的樂趣！」的告示。

而當他來了一趟中國內地後，發現情況有過之而無不及：大醫院擠滿了人，門診號也成了商品；春運買火車票，有錢人可以加價立刻買到高出票面價格幾倍的黃牛票，窮人則要冒着寒風熬夜排隊……

我可以想像得出桑德爾教授驚詫的面孔，西晉的魯褒寫過《錢神論》諷刺當時人們的「拜金主義」：「失之則貧弱，得之則富昌。無翼而飛，無足而走。解嚴毅之顏，開難發之口。錢多者處前，錢少者居後。處前者為君長，在後者為臣僕。」如今桑德爾教授的感慨，顯然是庶幾近之：「在我們的時代，金錢獲得全面勝利。幾乎一切都可以貼上價籤隨意出售。」

我難免會設想，認為大家都應該去排隊才更加公平的桑德爾教授，如果因病要看醫生，比如牙疼得厲害，但醫院人滿為患，怎麼辦呢？如果排隊是最公平的，先來先看，後來的當然要老老實實去排隊等候。那麼多人在排隊，今天能否輪到你是未知數。跟醫生說自己疼得厲害要先看嗎？其他人的表情很可能會比你更加痛苦。醫生是否要對每一個人進行檢查按照他認為的緊急程度來診治呢？

事實上，你牙疼得要命的信息也許只能通過你願意支付的

價格來表達，因為你願意多支付錢獲得優先診治的機會。類似的，一個就要生小孩的孕婦，家屬願意多支付點錢盡快到達醫院。一個窮人，在對一塊麵包的出價會贏過城中的富豪。一個帶着小孩遠程去遊覽遊樂園的人，更願意多出點錢免除排隊之苦。這些是人性，除了價格，想不到更為合理和有效的制度安排。

窮人會因此受損嗎？未必。你去遊樂園玩，有錢人（或不一定是有錢人，比如長途客人）願意多支付錢獲得優先權。而在競爭之下，這些多支付的錢其實是補貼給那些排隊的人的。

資源分配有很多種模式，人類基本都試驗過，按照體力計謀，誰搶到就算誰的，這是動物競爭模式，人人自危，財富無法積累。此路不通，這也是強盜行為在世界上哪個國家都會受法律制約和道德譴責的原因。按照等級來分配，有了規則，降低了不確定性，但沒有激勵作用，效率低下，幾十年前我們有過試驗，結果大家都知道。

「過去 30 年裏最致命的改變並不僅僅是貪婪的蔓延，而是市場以及市場價值的擴張，市場思維侵入了許多它們本不該存在的領域。」桑德爾如是説。認為大家都應該消費得起才是公平，桑德爾教授的願景應該是政府價格管制之下的排隊了。

然而，不同情況下的排隊必須分清，有政府價格管制之下的排隊，也有交易費用影響下的商家策略選擇。價格即便沒受到行政管制，也不代表商家可以隨意制定，他必須按照市場規律來做，否則會被淘汰。在某些情況下，門店的排隊情況會是一個廣告，也對職員的工作效率有監管作用。

分別在英、美兩國求學、執教和生活過的桑德爾教授，本來正是受益於這兩個老牌資本主義國家良好的市場和法律制度，但他卻質疑這種社會基於市場秩序的基礎，認為有違公正。真如他理想那般，通過排隊來分配資源，恐怕多數人雖然是買得起但卻買不了。他是只管分配而不談生產了，倘若無利可圖，還有哪個商家願意生產呢？誰來免費為這個世界提供多種多樣的商品呢？

「用工荒」暗含**兩重**邏輯

近年來，每當春節剛過，有關「用工荒」的新聞不時見諸報端，而現實中也很容易得到驗證：在江門，順着江沙工業走廊走走，又或者到江海區工業園轉轉，隨處可見企業擺放在工廠門口的招工信息。年初八九剛開工，已有企業迫不及待地在汽車總站「守株待工」。

珠三角、長三角等地區重現用工荒，究其原因，不少媒體評論認為是工資太低，工人不願意過來。這是一個不可能錯的

解釋，但過於空泛，實際上是沒有說服力的。還有人認為，是因為農民更願意待在家裏，一家團聚比長途跋涉外出打工好得多。這種說法更是缺乏說服力，家庭溫暖以前也同樣需要，用偏好的變化來解釋世界，無關宏旨，可以擱置毋議了。

近年來出現的用工荒，其實可做兩重邏輯上的解釋。

首先，由於中國目前仍然是出口主導的工業形態，所以必然受到週期性用工模式的影響。一年之中春節前後的兩三個月，是訂單較多的時期，而年中往往是淡季。加上適逢春節，人們要提早回家過年，不少人要等過完元宵節再出來。這半個月到一個月左右的假期，更加劇了企業用工的不足。實際上，經濟危機前的幾年，春節前後也有過類似的缺工現象，只不過經歷了兩年的蕭條，出口大幅度下滑，此後的回暖讓人們印象更為深刻。這是基於常態的一種用工荒邏輯。

其次，用工荒的第二重邏輯，要從變化的角度來觀察。2008 年末，國務院出台 4 萬億元刺激經濟計劃，把大量資金投入基礎設施建設中，其中投入農村水、電、路、氣、房等民生工程和基礎設施 3,700 億元，鐵路、公路、機場、水利等重大基礎設施建設和城市電網改造 15,000 億元。大量資金的投入使內地交通狀況和環境大為改善，投資辦廠的成本下降，而

珠三角、長三角地區的地理位置優勢當然就減小了。

另外，這兩三年農業政策的改變也是一個不可忽略的因素。特別是 2009 年，政府加大了農業投入和補貼。比如，增加對種糧農民直接補貼，對農民購買農用機具也進行購置補貼，還有一系列的家電下鄉計劃。政府對農業的補貼，實際等於增加了工業的成本，進入工業的勞動力也會減少。農業種植有農忙和農閒的季節之分，忙時種植，閒時就近打零工，這種模式對普通技術人員更有吸引力。而媒體資料也印證了這一點、用工荒地區最缺的就是專業技術要求不高的普通工人。

可以預料，隨着春節返鄉人員的回流，珠三角等地區用工荒的現象會得到一定程度的緩解，但這種產業格局的趨勢不會改變。更多的勞動密集型的企業會搬遷到內地，甚至是越南、印度等勞動力成本更低的國家或地區。接單加工模式已經開展了二十多年的珠三角，面臨的將是產業升級的挑戰和機遇。

公共賬戶裏的遊戲秘密

之前和幾位朋友一起吃飯，有一道小雞燉蘑菇的東北菜。蘑菇用的是乾茶樹菇，「不用錢的，是用醫保卡從藥店買的。」主廚的朋友笑着說，「你看，醫保卡還是有好處啊。」

有類似這種想法的人，其實還大有人在。你看看，醫保卡裏的錢可以看病，可以變相買東西，出什麼問題還有保險，不是一件令人愉快的事嗎？

我想起 BBC（英國廣播公司）出品的一部電視劇《飛天

大盜》，有這樣一個情節：

酒吧老闆 Eddie（埃迪）經常被幾個騙子主角捉弄。其中有一次，主角 Michael（邁克爾）説要和他玩一個遊戲，兩人各拿出 50 歐元，放在一起，然後競拍這 100 歐元，價高者得。Eddie 想這回不會上當了吧，因此當 Michael 首先出價 50 歐元的時候，Eddie 毫不猶豫地加到 60 歐元，Michael 説你贏了，賣給你。然後把 100 歐元推給了 Eddie，拿走了 Eddie 的 60 歐元。

Eddie 待了一會，才明白自己又被騙了。是的，台上放着的是 100 歐元，競投的時候，會有一種錯覺，我只要出價低於 100 歐元，就賺了。然而，他忘記了 100 歐元中，有 50 歐元是自己的。Michael 拿出 50 歐元，換了 Eddie 的 60 歐元。

那些想着反正醫保卡費用還是自己用的人，其實正如同可憐的酒吧小老闆一樣。但不同的是，Eddie 很快明白自己被騙了，然而無數福利主義的信徒至今仍執迷不悟。

醫保卡裏的錢，其實只是個人繳納的，加上單位繳納的一小部份，而單位繳納的大部份劃入了統籌賬戶。比如北京市，關於單位繳納的基本醫療保險費劃入個人賬戶的比例，有如下規定。

（1）不滿 35 週歲的職工按本人月繳費工資基數的 0.8% 劃入個人賬戶。

（2）35 週歲以上不滿 45 週歲的職工按本人月繳費工資基數的 1% 劃入個人賬戶。

（3）45 週歲以上的職工按本人月繳費工資基數的 2% 劃入個人賬戶。

（4）不滿 70 週歲的退休人員按上一年本市職工月平均工資的 4.3% 劃入個人賬戶。

（5）70 週歲以上的退休人員按上一年本市職工月平均工資的 4.8% 劃入個人賬戶。

而單位實際上是按工資基數的 10% 繳納基本醫療保險費的，如果基數是 2,000 元，那麼單位繳納 200 元。如果你在 35-45 歲，那麼這部份只有 20 元能夠進入你的醫保卡，其他的都去了統籌賬戶。所以，可以得出如下結論：對大部份人來說，單位繳納的保險費，大部份進了社會統籌賬戶。有興趣的人，不妨去查找一下社會醫療保險的報銷額度和具體條款，再去和保險公司的相同支付的保險產品對比一下，看看這種「國有保險」的回報，就一目了然了。

而這種以統籌賬戶、公共賬戶面目出現的東西其實在不斷

地增加。比如，《住宅專項維修資金管理辦法》就是一個例子。政府強制向買了房子的人收取每平方米 60-80 元的公共維修基金，樓房出現問題，住戶進行投票，多數贊成之後可以向該賬戶申請資金的領取。

很明顯，這種做法是要從醫保、社保等全國或者地區的大範圍更進一步地把觸手伸到社區的每一座樓房了。兩個人以上的事情，就成了「公共」，政府就要管了。如果某一天，突然公告要收取「家庭和諧基金」「夫妻愛情保證金」，那麼我一點也不會覺得奇怪。

很多人喜歡高談闊論自由，他們同時也喜歡高談闊論福利主義，這是何其矛盾的一件事啊！要知道，自由沒那麼遙遠和神秘，你越來越多的錢被收進了所謂的公共賬戶，你的自由就不斷地減少。

「心理賬戶」能讓人更快樂嗎？

　　J 找到我的時候，我正在為兩件事發愁：一件是在冥思苦想一個辦法，如何能夠在不掛蚊帳的情況下防止被蚊子叮咬；另一件就是為專欄的題材而發愁。J 看我一臉苦瓜相的表情，以及臉上觸目驚心的被蚊子肆虐的痕跡，頓時充滿了階級兄弟般的同情心。他說要告訴我兩個好消息，一個是他意外賺了點小錢，要請我吃飯，另外一個是我苦覓不得的一本書，他在舊書攤閒逛的時候恰好看到，給我捎來了。

「這回高興了吧？」他眼巴巴地盼望着這意外的驚喜能有「破涕為笑」的效果。

我斜着眼睛看了一下他，然後跟他說：「你似乎還可以使我更快樂一點。你應該首先跟我說請我吃飯，然後吃飯的時候才把那本書給我。」

J不明白，把兩個好消息一起告訴我或分開兩次告訴我，有何區別。我告訴他，這不是我胡說八道，這和「心理賬戶」有關。心理賬戶是由芝加哥大學心理學家理查德·薩勒（Richard Thalcr）首次提出的，Kahneman（丹尼爾·卡尼曼）和 Tversky（阿莫斯·特沃斯基）做了進一步的拓展，而普林斯頓大學教授 Kahneman 正是因此成了 2002 年的諾貝爾經濟學獎得主之一。心理賬戶理論認為，決策的主體，無論是個人、家庭還是公司，都存在着一個或多個明確或者潛在的賬戶體系，這些賬戶體系往往會遵循一些有悖於經濟學運算規律的潛在心理運算規則，個體常常受到心理暗示影響，做出一些違背基本經濟法則的選擇或者決策。

比如，同樣一筆收入，本來其價值是一樣的，但是，人們對它的態度卻會視其來源而定。如果是辛辛苦苦的工資所得，那麼它會作為收入的一部份，被小心翼翼地存起來。但如果是

飛來的橫財，人們往往會更大方地使用這筆錢，例如用來購買奢侈品等。

另外，獲得同樣數量的收入，一次性獲得以及分多次獲得在價值函數是不一樣的，後者的心理滿足要大於前者。但如果不是收入，而是損失，一次性的和分開幾次的，人們會認為後者處境更為悲慘一點。也正因為如此，有「好消息應該分多次告知，壞消息要一次性告知」之説。

心理賬戶的存在，更多的是所謂的人的「非理性經濟行為」。當然，也有經濟學家批評，這種觀點的基礎是效用理論。而效用是主觀的，每個人都不一樣，是很難對之進行標準化測度的。張五常教授就曾説過，「經濟學中家喻戶曉的功用（或效用）是抽象之物，在真實世界不存在，原則上無從觀察。我認為可以不用，所以從來不用」。

事實上，在經濟學的發展史上，也一直存在相關的爭議。「追求效用的最大化」是理性人假設，但是效用是否可以測量以及如何測度卻一直存在不少爭議。最初，經濟學家認為效用可以比較、可以加總，是基數效用。而後來有人對效用是否可以直接計量產生了懷疑，又有序數效用之説。序數效用的困難是，既然無法計量，那麼如何證明最大化的假設？針對這點，

薩繆爾森教授提出了顯示性偏好理論，認為可以通過觀察消費者的選擇來發現他們的偏好。

對於如今的我來說，如果 J 先請我吃飯，然後再跟我說給我找到了一本好書，這樣分兩次把好消息告訴我，我實在難以比較得出，這樣是否比一次性告訴我兩個消息更為快樂一點。但是，既然經濟學家如是說，我當然也如是告訴了 J。我的做法在於讓 J 認為，他存在使我更為快樂的機會，而沒有做到。對於我來說，實際上是一種損失。因此，他油然而生的愧疚之心，會讓他某個時候，繼續請我吃飯，或者再不經意地幫我找到一本好書。

廣場舞困境該*如何*應對？

　　因為跳廣場舞而產生矛盾衝突的例子屢見報端，極個別者甚至到了動刀動槍的地步。例如北京市昌平區的一個小區就曾發生過因為每晚都有人跳廣場舞且音樂聲過大，一名男子怒而鳴槍更放藏獒驅散人群的事件。武漢市亦有小區業主不堪噪聲干擾，潑糞洩憤，而跳舞者則諷刺說「嫌吵裝塊隔音玻璃嘛」。

　　這種衝突可以說越演越烈，評論亦各有偏頗。更多的人

同情周圍住戶，認為他們的日常生活受到了不正當的干擾。當然，也有人認為大媽有跳舞的權利：「老年人豐富一下晚年生活，鬆鬆筋骨鍛煉，何罪之有？別太苛刻了，每個人都有變老的時候。」

維護權利並非易事。大多數權利，是要依附在財產之上的。從法律角度來看，說這房子是你的，是因為你擁有此房子的產權證。別人不能未經同意而進入你的家裏，也不能把你家的牆壁砸一個大洞。但這些並非房子屬性的全部，社區配套、周圍風景、空氣質量等其實都是房子的組成部份。

問題是房子的權利邊界可以延伸多遠？跳舞的大媽也可以振振有詞地說：「我們在距離你家兩三百米處唱歌跳舞，關你什麼事？而且這裏是廣場，是大家的活動中心，你不允許我們跳舞，就是侵犯了我們的權利。」

「權利」一詞往正義角度去爭執，難有定論，然而從「利益界定」這個角度卻可以看得清晰。住戶說受到干擾，聽不到電視聲音，晚上睡不着覺，又或者更嚴重的——家裏有臥床病人，有溫習功課準備高考的孩子，最終損失其實是投射到其房子的價值上的。有些人正因為難以忍受，所以低價賣房一走了之。如果跳廣場舞的權利得到支持，原本 100 萬元的房子可能

只值 50 萬元了。一舞千金，太昂貴了。

而且並不是說你的免受干擾的權利訴求一定會被支持，如果你的房子本來位於鬧市商業區，晚上沒入夜前樓下商家播放的招徠廣告雖然影響了你，但你很可能投訴無門。另外，你可能會投訴得了某個商家到晚上 12 點還開着高音喇叭，但你很難投訴得了半夜有車輛疾馳而過影響了你的睡眠。不同場合不同的結果，這是因為法律制度會直接或者間接支持財產最大化的權利安排。

財產的維護不是一件容易的事。遠古時期，你打到一頭獵物，這並不代表你就可以擁有這頭獵物的收入。在你還沒有吃掉牠之前，很有可能被其他人搶走或偷走。以前的封建領主，為了維護自己的財產，僱用護院家丁，耗費甚巨。而從更廣的範圍看，國防警備開支，也是為了維護一個國家的財產。

你的打獵收穫、種地產出，如果隨時會被別人偷走或搶走，那麼這種社會效率是極其低下的。你如果有 1,000 元，那麼別人只要耗費低於 1,000 元的代價，比如 990 元，把你的錢搶走，他就有 10 元的收益。而為了防止別人搶走，你不得不耗費巨大的人力物力去防盜防搶。這種社會是難有財富積累的。

要減少這種原始狀態的損耗，人類建立過各種制度，等級分配、市場交易，還有道德風俗也是廣義制度的一種。比如要維護社區房子的價格，大媽就要噤聲。而讓大媽噤聲的辦法，一種是要靠法律強制力，另一種是道德風俗的約束。

　　而道德風俗的有效運轉，需要一定的基礎。農耕社會以血緣關係為基礎的聚居，容易形成穩定的鄉規民俗，於整個社會而言就是道德禮教傳統了。但現在隨着工業化和城鎮化推進，人口流動頻繁，一棟樓裏，左鄰右舍不一定認識，這種基礎在城市裏基本是消失了的。

　　而城市化過程當然也會形成城市文明，以家庭為單位相對獨立、講究隱私、注重個人形象和公共衛生，這些是城市文明特徵，需要時間培育，不能一蹴而就。如今流行廣場舞，正是因為有些老人來自農村，渴望集體活動，而尚未適應城市習慣。而且，城市裏老人和子女分開居住現象普遍，這點也減弱了「己所不欲勿施於人」的約束。如果老人和子女一起居住，就會更容易顧及噪聲對家人的影響，從而能推己及人了。

　　廣場舞的困境，其實並沒有太多應對辦法，所謂「安排更多不影響住戶的場所給老人活動」的說法，其實是一句兩頭不得罪的無用之話。老人就是要在住處附近活動，除非有人樂意

免費供應房屋做活動中心，否則衝突難免。在道德風俗尚未能發揮有效作用之前，只有在住戶難以忍受進行投訴的時候靠法規相對武斷地約束了。

如何避免身上的「公地悲劇」？

　　他是國內名校畢業，專業方向是電腦圖學中的算法研究，畢業之後在國際知名 IT 企業中國研究部工作。但在熟悉他的非內行人看來，他就是一個「讀電腦」的。因此，隔籬鄰舍，親朋好友，碰到和電腦有關的雞毛蒜皮的問題都會找他。他是小區的大忙人，幾乎每天晚上，本來可以休息或者做自己研究的時間，都會不斷地有電話打進來，問他怎樣安裝殺毒軟件，機器響聲很大怎麼辦，開機了怎麼沒圖像……當中相當一部份

人會有進一步的要求：幫忙看一下。雖然大多數住得不遠，但來來往往，使他幾乎沒有了空餘時間。

她天賦過人，年紀輕輕就得過不少小提琴演奏大獎。有一次機緣巧合，曾經因為演奏包含大量高難度演奏技巧的帕格尼尼二十四首隨想曲，受到意大利著名小提琴家薩爾瓦多里·阿卡爾多（Salvatore Accardo）的讚賞。她在某機關工作，因為名聲在外，系統內有大大小小的晚會或文藝會演，常常會邀請她去演奏小提琴，還有本地各種各樣的晚會也要應付。這些大眾式的文藝晚會，難以有一流的場地和設備，而觀眾的欣賞水平也良莠不齊，更讓人哭笑不得的是不少這樣的邀請附帶演奏內容，羅列的都是一些最新的流行曲。這樣的演奏根本沒法提高她的水平，靜下心來練習的時間也很少了。

他如果臉皮稍微「厚」一點，學會拒絕，能夠有時間做專業研究，而不是每天回答大量的類似機器黑屏了怎麼辦、買什麼殺毒軟件好的問題，他會在自己的專業上有所作為，社會效益是很大的。她如果能夠推卻那些沒必要的應酬和表演，或者換一個工作，專心於自己的事業，很可能中國會脫穎而出一個世界級的小提琴家。他們面對的問題和煩惱，一言以蔽之，是公地的悲劇。

第四卷　趣：生活背後的經濟學

222

「公地悲劇」是經濟學中的一個被談論了無數次的話題。這個詞出自著名生態學教授加勒特‧哈丁（Garrett Hardin）1968 年發表的文章 "The Tragedy of the Commons"。他論及公共草場的問題，因為草地免費，牧民都希望增加自己的牲畜，會出現很明顯的過度放牧問題，導致草場退化，最終所有的放牧人都受到損失。

公地悲劇產生的原因是產權界定的不明晰。地方是公共的，人人都可以使用，人人都會最大化自己的利益，因此，他們不會花費心思去保育草地。1993 年，格萊特‧哈丁教授再次發表同名文章，提出了更多的例證。其中一個是 1974 年的地球衛星照片，可以見到北非的照片上有一片面積為 627.6 平方千米不規則的黑塊，通過地面探測發現這是一片被圈圍的土地，草長茂密，生機勃勃，而圈圍以外的草地上，一片殘敗景象，已經受到明顯破壞。調查的結果是圈圍內的土地是私產。而圈圍之外的土地不屬於任何人，向游牧者和他們的牛群開放。

就是那麼一道把土地圍起來的柵欄，柵欄內外有着截然不同的結果。因為這道柵欄，就是產權界定的象徵，圈內的土地是你的，收益歸你，維護當然也要你來做。你自己利益的最大

化，和這塊土地產出最大化是一致的。因此，你就有了使這塊土地產出最大化的動機了。

　　而再回顧上面的兩個例子，顯然，作為一個自然人，他們是對自己的勞動擁有產權的，本來是不存在引發公地悲劇的邏輯條件的。他們專注於專業上的研究，可以期望有更大的成就。但是，他們所缺乏的，是一種在自己身上豎起一道柵欄的勇氣，因此寶貴的時光白白浪費在一些雞毛蒜皮的小問題上。而那些尋求幫助的人們，也不能過於責怪他們，因為他們大多是沒有意識到，自己為了貪一時便利，生生把一個人折騰成了一塊公地。

經濟學視角下的許霆案

　　在文章的開始，有必要複述一次已經被媒體重複了無數次的許霆案的來龍去脈：在廣州打工的許霆從銀行 ATM 機取款時，意外發現 ATM 機出錯，取 1,000 元只扣 1 元，故先後取款 171 筆，合計 17.5 萬元。事後，攜款潛逃，並花光所有的款項，後被抓獲。廣州市中級人民法院審理後認為，許霆盜竊金融機構，數額特別巨大，判處無期徒刑，剝奪政治權利終身，並處沒收個人全部財產（後重審改判五年有期徒刑──編

者註）。審判結果一出，眾說紛紜。包括媒體和民眾，以及法律從業人員、法學教授都發表了不少看法。不少人認為判決過重，也有人認為，相關的判決的確是按照現行法律進行的，並無不妥。

無論是法官的審判，還是公眾媒體的評論，其實所體現的是大陸法和普通法兩種法律體系的精神衝突。其主要區別在法律淵源（或者可以稱為法律依據）上。大陸法是成文法，遵循的是我們常說的「以法律事實為根據、以現行法律條文為準繩」的原則，立法機關制定的規範性法律文件對法官具有很大的約束力。而普通法遵循的是司法先例原則，同時，法官亦可以在司法審判的過程中修正或廢棄以往的先例。相比之下，法官擁有更大的裁量權，有更大的權力去權衡和量度合理性。

而中國內地法恰是借鑒和參考大陸法制定的，法官所擁有的自主權極為有限。這也正是許霆案所面臨的尷尬，縱使有關人員私下認為對許霆的量刑過重，也無法違背一些明確的法律條文去修改判決。例如我國刑法規定，盜竊金融機構，數額特別巨大的，可以處無期徒刑或者死刑，並處沒收財產。而1998 年《最高人民法院關於審理盜竊案件具體應用法律若干問題的解釋》規定，個人盜竊公私財物價值人民幣三萬元至十

萬元以上的，即為「數額特別巨大」。

20世紀60年代在混雜着大陸法和普通法的西方國家興起法和經濟學這門交叉學科。其背景是新制度經濟學的一些重要進展（當中最有影響力的莫過於科斯發表的《社會成本問題》），為法學提供了嶄新的視角，通過探討法律的效率問題，應用經濟學理論和方法來檢驗法律制度的形成、結構、演化和影響，從而橫空出世「法和經濟學」這門獨特的交叉學科。

而在許霆案中，我們遺憾地看到了經濟學的缺席。實際上，許霆案中的關鍵和核心與財產權相關，是誰侵犯了誰的財產權？我們又應該給予當中的各主體什麼樣的權利，才能使市場更加有效率？這正是法和經濟學領域所關注的內容。

法和經濟學的集大成者波斯納法官，在其經典著作《法律的經濟分析》中舉過不少例子，其中一個是火車經過農田，噴濺出的火花影響了旁邊的農作物。如果火車的火花造成的損害小於為了避免噴濺火花的成本（比如安裝某種消除設備），無論法律權利的初始分配方法如何，其結果都是一樣的：鐵路拋撒火花，而農民將莊稼移離鐵路。但是，如果我們按照傳統的法律去判定，農作物是先有的，鐵路是後來的，因此農作物擁有不受侵害的權利，這樣的判決其實並不利於市場之中的任何

一方。

可以用同樣的思路去看許霆案。我們需要思考這樣一個問題：是否應該用最嚴厲的手段去保護代表着金融機構的櫃員機，即便是由於它的錯誤而引起用戶一時貪心？如同我們是否應該為了保護農作物，而禁止火車經過有農作物的地方一樣。

對銀行來説，一個無期徒刑的判決其實並不一定對它有利。因為假如可以允許許霆事後賠償銀行損失，雙方的處境可能才是最優的。重要的一點，如果像許霆案中這樣對櫃員機進行過度保護，其實就是對提供與櫃員機相關的軟件單位的一種縱容。他們提供最嚴密、最安全程序的責任心將會鬆懈，軟件漏洞會更多。而這點又反過來會嚴重影響他們的服務單位——銀行機構的產品和服務質量，甚至因為軟件算法的更多疏漏與錯誤而導致更大的危機。這並非聳人聽聞，歷史上不難找到一些案例。

因此，許霆從自己的銀行卡取出了 10 多萬元，對龐大的銀行機構來説，其實並不一定是一件壞事。因為它通過非常小的損失（如果它可以得到保險賠償，損失就更小了），而及時發現了櫃員機軟件的錯誤和漏洞，從而避免了更大的損失。

歐洲很多國家都可以見到正義女神像 Justitia，她披白袍戴

金冠，左手持天平，右手持長劍，戴着眼罩，像的背面往往刻有古羅馬的法諺：Fiat justitia ruat caelum（為實現正義，哪怕天崩地裂），以彰顯不惜一切維護公平正義的信念。

正義女神戴着蒙眼布，表示法律的天平不會偏向任何一方，表示一切按照法律制度辦理、不偏不倚的決心。有意思的是，這恰恰正是體現着成文法的默認知識：白紙黑字，天公地道。法律面前，人人平等。如果讓Justitia女神去審判許霆案，我們會非常尷尬地看到，法院的無期徒刑判決並無不當。因為這些都是有法可依、有章可循的。

正是這樣，我們可以看到，在經濟學視角下看法律，並不是很多人常說的什麼「經濟學帝國主義」、赤裸裸強調效率優先、為了金錢不顧一切，或者許多人認為的會影響法律對公正的維護。故而，為了維護正義和公平，女神蒙着眼睛去審判很可能是適得其反的，不妨用經濟學之手去揭開女神的蒙眼布吧，讓她看個「清清楚楚明明白白」，現實中的正義與公平，除了心中那桿秤，還要考慮到更多的約束條件。

風險、不確定性與保險協議

　　記得十幾年前，「保險」這個詞還沒現在這麼廣為人知，有人第一次聽聞時驚奇地問道「是否買了保險就保證沒有危險了？」而當保險員向其介紹相關的理念時，總被啐一口「你這不是咒我出事嗎？」其實直到如今，還有不少人抱有這樣的態度。他們會認為，如果不出事，那麼買保險等於給保險公司送錢。如果不想給保險公司白送錢，那麼只能自己出事。

　　他們會認為，去市場買東西，是得到了看得見的實實在

在的商品或者服務，而保險公司則不同，購買保險如同去賭場下注，無論賺蝕，自己都是輸家。雖然從付出和收益來看，保險與賭博都是支付一筆固定費用來換取不確定的較大金額的收益，但明顯不同的是前者把未來或然發生的較大損失轉為一筆固定的成本開支，後者是博取額外的收益。

古時候長江流域糧商通過船舶運輸米糧時，將同一人的糧食分裝不同的船隻，以求風險分攤減輕單個人的損失。傳統農業社會，人們對一些重要的事情比如紅白事的處理更多基於血緣關係的家族內部的互助。這些分舟運米以及家族互助的做法其實正是保險理念的雛形，通過組合的模式分攤風險。而到了奈特那裏有了清晰的描述。在《風險、不確定性與利潤》一書中，他說：「處理不確定性有兩種基本的方法，一種方法是通過分組降低不確定性，另一種方法是通過尋找合適的人選來承擔不確定性。」

正如奈特所說，保險公司正是通過分組來處理不確定性的機構，應用保險原則，能夠將較大的或然損失轉化為較小的固定支出。如果古代有第三方的保險公司，就會向糧商按船舶數量和糧食價值收取一筆費用，而不需分舟運送。

舉例來說，對單獨一台汽車很難預測發生事故的概率，

但是可以通過分組原則，統計全國共有此類型車輛的數量，過去發生事故率多少等。如果平均事故率是 1/10，每件事故賠償金額大概 3 萬元，那麼保險公司認為每輛車收取 4,000 元的保費扣除了管理費用不至於虧本，便會考慮開設這個險種。當然，要在市場競爭中爭取份額是不容易的事，因為其他保險公司可以降低自己的管理費用而搶得市場。

故此，保險業者必須精準地預測總損失，報出合適的保費，既不至於破產也不至於落敗於競爭者。那些認為保險公司從事的是包賺不賠生意的觀點其實是錯誤的，歷史上破產的保險公司並不鮮見。幾年前有着近百年歷史的東京大和生命保險公司便宣告破產，甚至全球最大的保險服務商美國國際集團(AIG) 亦陷入破產危機。

有意思的是，如同有人認為保險公司做的是包賺不賠的生意一樣，同時也有人認為，因為投保人比承保人掌握更多的信息，所以這種信息不對稱使保險業成為一個檸檬市場，身體狀況好的人不願意投保健康險，開車謹慎的人不願意投保車險，保險市場會一天一天萎縮下去。1972 年的諾貝爾經濟學獎得主阿羅説過這樣一句話可以否定這種觀點：「資訊的差異性普遍存在於經濟體系裏，導致了無效率，也促使我們通過合約的

安排或非正式的共識，對資訊不足的一方施以保護。」意思是説信息不對稱是普遍存在的，而市場的合約安排能解決這個問題。這是的論，保險市場會分類不同的投保者，有不同的合約安排。

　　如同其他商家和顧客的關係一樣，保險公司和投保人其實是互惠互利的合作關係。目前還有許多人對保險業有誤解，而這從另一個角度也說明中國保險業還有很大的潛力。統計數據顯示，2016 年保險業總資產超過 15 萬億元，我國銀行業金融機構本外幣資產總額達到了 232 萬億元，而人均保費以及保費佔 GDP 的比重都低於世界平均水平。如果說之前十幾年保險業在中國是一個概念普及的時期，而未來十幾年一定是保險本身普及的時期。

牛郎要補償織女的家務活嗎？

　　話說織女下凡嫁與牛郎，從此男耕女織，日出而作日落而息，用勞動換來溫飽。他們隔壁有一戶人家，女人名曉梅，出自鄰村大戶張員外家，從小嬌生慣養，諸多挑剔，嫁人後更是兩手不沾陽春水。她很看不慣織女，常常串門嘮叨，說織女又要織布又要做飯洗衣，而牛郎只是種地，太虧了。一天兩天沒什麼問題，幾個月下去，織女的心態終有了變化，覺得自己的確是太累了，常給牛郎眼色看，整天和鄰家婦人打牌聊天，不

做家務，甚至讓牛郎回來自己做飯。於是乎，無事變小事，小事變大事。終於有一天，牛郎狠狠地給了織女一巴掌，織女一怒之下絕塵而回天宮。

原本的牛郎織女傳說反映的是典型的農耕社會形態裏人們簡單美好的祈願。我的篡改當然很無聊，如同很多人會覺得有人正兒八經地把所謂的家務活價值化作為「兩會」提案是很嚇人的一樣。但是嚇人的問題卻可以有不簡單的答案，我們不妨思考一下，男方是否要為女方的家務活予以金錢上的補償？

男女雙方通過婚姻組建一個家庭，手續上只是簡單的一張證書而已，實際是包含了一系列的內容，包括雙方的生理滿足，包括洗衣服、搞衛生、做飯這些家務勞動，也包括物質和金錢上的共享、精神上的慰藉。當然，還有親情的溫暖。這些複雜煩瑣的內容，大多數是無法列出明細條款的，比如誰做家務，誰掙錢，等等。農耕社會相對固定的男耕女織模式，是考慮體力、環境等因素的效率安排，而生產力大幅度提高的現代社會使男女的分工模式更為複雜和多元。細分婚姻中男女雙方的權責和分工是一項耗費巨大得不償失的事情。

熟悉新制度經濟學的人，由此會想起企業這個詞。新古典理論教科書裏說企業是將投入品轉化為產出品的實體，然而這

並沒有解釋企業為何產生等問題。既然市場價格機制可以自動協調人與人之間的生產和需求,為何仍存在企業這樣內部不運用價格機制的組織呢?我們知道,企業裏有計件工人,也有計時文員、經理人,他們不是到市場上和客戶直接交易,而是通過企業這個實體,把一群人組合在一起,在企業內部,指令替代了市場。科斯的「為何有企業」的發問,是現代制度經濟學的發端。

學術史上的解釋林林總總,很多經濟學家做出了貢獻,當然都是圍繞着交易費用展開的。如果每個人都直接和其他人交易,交易次數將會大增。在流水線上,後一道工序的人從前一道工序的人那裏買來半成品,加工一道工序之後,又賣給下一道工序的工人,這樣交易量的暴增,增加了成本,也極大增加了發現最終產品價格的困難,企業應運而生。如張五常教授所云,這其實是通過一種合約替代另一種合約。

類似的分析,當然可以用到家庭分析上。在現代社會,婚姻需要男女雙方的同意,無須也無法一一羅列所有的付出和收益,他們用一紙婚書這種簡單的合約,替代了一系列錯綜複雜、變化多端的合約。如果真如某代表的提案那樣,立法規定要男方為女方的家務活進行補償,那麼,即便是簡單如牛郎織

女那樣的家庭，男方是否也會說自己種地有收成增加了織女的福利讓她為此補償呢？法律要將觸手肆無忌憚地伸到每一個家庭的瑣碎生活中去嗎？要知道，這樣是對婚姻合約結構的一種破壞，平添社會交易費用。這和立法規定最低工資、約束計件工資是一樣的道理。

給 E-mail 貼一張 **郵票** 會如何？

　　那天正在上班，一位同事興奮地叫我過去。原來她的 skype（即時通信軟件）上彈出了一條信息，有人給她的註冊郵箱發了一封中獎通知，說某知名網企十週年誌慶，她的 ID 幸運抽中了一台筆記本電腦。雖然有些猜疑，她還是掩飾不住興奮。

　　對這樣的網絡新手，我只能慢條斯理地告訴她，我曾經收到過非洲某國酋長女兒的 E-mail（電子郵件），說她的父親受

到政治迫害，她在網上尋求幫助，認為我可靠，想把家族財產都轉移給我。也曾經收到一位宣稱自己破解了人類什麼密碼的民科郵件，他說他的發現注定驚天地泣鬼神，會囊括下一屆諾貝爾生物、化學、物理獎，說選中我做他的代理人，是我莫大的榮光。而最近，更有一位「美國投行 CEO」來郵，說我在他們銀行的賬戶由於金融危機被凍結，叫我匯幾千美元的手續費過去，他幫我解凍。我回了一封郵件說現在很缺錢，不如你先給我匯 1,000 美元，我存在貴行的幾百萬美元都歸你了。

騙子通過廣撒網的辦法總能時不時地抓到幾條上當的魚。如果說上述這些騙局郵件還帶有一些欣賞價值，那麼網絡中更多的是不具備任何趣味性的垃圾郵件。許多企業為處理垃圾郵件，耗費了大量的人力物力。如何防治垃圾郵件，是橫亙在人們面前亟待解決的一大網絡問題。

現實中有許多應對垃圾郵件的技術性辦法。包括根據 IP 地址、關鍵詞的過濾，通過設置黑白名單來區分惡意郵件和目標用戶。郵件服務商還普遍採用了根據發送頻率的判斷策略，比如服務器短時間內收到來自某個 IP 或者某郵箱的大量郵件，可以判斷為垃圾郵件。技術上的處理辦法林林總總，然而始終難以根治垃圾郵件問題。

我住所樓下的信箱，偶爾也會有「垃圾郵件」：某個樓盤的廣告、新開食府的宣傳單、小區學校的開學信息、免費派送的報刊……這些多是來自附近關於日常生活的一些信息，雖然對我來說多數是沒用的，我僅拿來當塗鴉用，但也絕不會出現如同電子郵件那般神經兮兮的信件。

究其原因，是成本問題，更確切地說是邊際成本問題。廣告商通過紙質郵件宣傳，需要篩選目標客戶群，希望盡量把廣告投遞到潛在客戶那裏去，因為廣告的印刷需要費用，投遞也需要費用。雖然印刷量大時單位廣告費用會下降，但邊際費用不可能為零。而電子郵件不同，邊際成本可以視為零。因此，發送者最希望的是能夠把每一封 E-mail 同時發送到全世界每一個郵箱中。他們會利用軟件，通過單詞或者姓名組合等窮舉辦法在互聯網上廣而發之。

既然垃圾郵件充斥的原因是邊際成本問題，那麼防治的最好辦法是提高發送郵件的邊際成本。比如對發送郵件進行收費，每次收取一分錢甚至更少，價格低廉得讓一般用戶沒什麼感覺，但對每天大量發送垃圾郵件的人來說，這筆費用足以讓他們望而卻步。這個辦法足以消除絕大部份的垃圾郵件了。事實上，好幾年前比爾·蓋茨已經在電腦大會上提過相關的設

想，而微軟早在多年前已經成立了一個研究小組展開電子郵件收費制度可行性的研究。

多年過去了，問題依然懸而未決，是因為互聯網存在大量郵件服務，在一台機器上架設能夠收發電子郵件的系統對業內人士來說並不是什麼困難的事。這種點到點的郵件系統，要通過第三方機構進行收費，要平衡各方利益關係，也要郵件運營商達成共識，簽署通過第三方系統進行收費認證的協議。

國外目前已有商家開始了類似的嘗試，推出了電子郵票服務。或許不久的一天，當我通過郵件客戶端程序發送稿子的時候，系統會提示「您尚未貼郵票」呢。雖然一天要花費幾分錢，然而能杜絕那些曾經令我們頭疼不已的垃圾郵件，何樂而不為呢？

左思十年寫成《三都賦》為何不收版權費？

　　知識產權在世界範圍內確立並得到廣泛認同是近現代的事，其內容包括著作版權、商標、發明等。一般財產權，人們容易理解和接受，然而對知識產權，常有爭議。

　　某些奧地利學派的學者更從根本上反對知識產權，認為那是反自由的。他們認為產權是排他性的獨斷佔有，你買了書，就有處置這本書的權利，包括轉給別人，甚至自己去複製印刷。另外他們認為，知識產權是通過政府強制來取得的，因此

帶有天生的污點。

這些觀點失之偏頗，你在市場上購買的所有商品、服務，其實是一個權利集，商品的說明書、維護條款裏一般會對商品的使用有所約束。比如，你購買了一台冰箱，保修單可能會註明這款冰箱屬於家庭使用，禁止商業使用。這是基於保修上的考慮，商業使用損耗會更大，保修成本會更高。

另外，那些反對強制力的觀點是無政府主義思想作祟，不從交易費用角度，難以理解為何古今中外政府是一種常態。這些人強調的是先驗之權利、至上之自由，世事變遷、市場演進似乎不是他們所要考慮的事。

我們不妨從「洛陽紙貴」的例子來看版權問題。《晉書》記載，左思耗費心血歷時十年寫就《三都賦》，得到皇甫謐、張華等人的盛讚和推介，風靡都下，豪貴之家競相傳寫，洛陽因此為之紙貴。

事實上，人們需要的是左思的文賦，而不是紙。但因為技術條件所限，文賦要傳播，靠的是互相之間的傳寫，紙張是媒介，因此洛陽紙貴，賣紙的發了一筆小財。

文賦作者是左思，本來屬於他的部份收入現在轉到賣紙的人那裏了。這是因為，他很難在當時收取一筆版權費。比如，

左思可以發表一個公告，說凡抄寫此賦者，必須支付作者版權費若干文錢。但要監督別人抄寫，費用何其高也，左思就賺不了這筆錢。

並且，舊時的科舉制度下，優秀的詩文能夠給作者帶來巨大聲譽，仕途也會得益。這些是作者的主要收入了。因此，左思所希望的，是文賦能得到廣泛的傳播和更多文人的肯定。社會制度和技術條件都約束着他，直接從讀者那裏取得收入的費用過高。

而隨着技術的發展，這部份收入得以有機會轉到作者那裏去。我們知道，唐朝之前，書籍主要依靠人工抄寫，效率極低。而到了唐朝後期，因為雕版印刷術的發明與普及，使書籍出版速度和數量大大提高。雕版印刷是把字印到整塊木板上，雕刻成陽文，再一頁一頁印刷，人力、物力、時間耗費雖然還很大，但和人工抄寫相比是一大進步。

出版商和作者這時也有動力去保護版權了。事實上，版權保護活動的出現，從宋朝已經開始有個案了。出版商和作者為了校對編輯詩文稿，往往會耗費大量的人力物力。如果被其他人翻版，很可能虧損，這也是他們提出版權主張的根本原因。

古代社會沒有如今這樣發達的媒體，作品最初大多是通

過友儕間傳播。而現代社會，技術條件今非昔比，印刷出書成本大大降低，版權費也是作家的主要收入了。出版商與作者簽訂合同，支付一定比例的銷售收入給作者。如果版權得不到保護，意味着任何人都可以將書拿去印刷，支付校對編輯等費用的先期出版商，在價格上肯定競爭不過盜版者。

而電腦和互聯網的出現與普及，更使信息的傳播邊際費用降到接近於零，版權保護也有了新的內涵，電子收費文檔出現了。也就是說，作家可以直接從消費者那裏取得收入了。不妨想像一下，如果晉朝有了互聯網和電腦，左思可以把小部份文賦放在網上，限制下載，每點擊收取若干文錢，結果很可能就是「豪貴之家競相點擊，左思暴得千金」了。

VIP 插隊制度的**現實**困境

　　因為以前領略過銀行長時間排隊的痛苦，故此我一直恪守着「若非必要，勿去銀行」的原則。但有一個問題一直頗為疑惑，就是在普通窗口大排人龍的同時，側邊常常是空空如也的VIP窗口，幾個職員在裏頭左顧右盼談笑風生。我常想，為什麼不將這些窗口也對其他普通儲戶開放，並且不妨加一個VIP優先的原則，這樣不是能明顯提高效率嗎？

　　實際上，還真有銀行這樣做了。就是因為這樣做，也同

時成了被告：福州市民李治平就曾狀告中國農業銀行福州市倉山支行三高分理處，法院受理了該案，而最終法院做出一審判決，駁回了李治平要求確認銀行「VIP客戶西聯匯款優先辦理」的告示為無效告示的訴訟請求。

李先生的心情可以理解：辛辛苦苦排隊，差不多輪到自己，卻殺來不速之客，難免頓生不公之感。如果換了一種環境，VIP獨佔窗口，李先生恐怕不會這麼憤懣，實際上他就曾這樣說過「如果銀行認為VIP客戶更為重要，完全可以專設一個窗口辦理貴賓業務，讓貴賓插隊的做法是對普通儲戶的一種歧視」。

僅從表面看來，銀行實行VIP插隊的這種制度「歧視」，能夠比原來專用窗口提高效率。舉一個例子，銀行裏有三個櫃檯，原來其中一個為VIP專用。銀行每日辦理業務時間為5個小時，平均每筆業務耗時5分鐘，一天下來，兩個普通窗口可以辦理120筆業務。假設一天共有10筆VIP業務，如果採用三個窗口同時對所有客戶開放，但VIP客戶可以插隊的制度，則共可以辦理180筆業務，扣除VIP的10筆業務，還可以為普通客戶辦理170筆業務。

也就是說，每個客戶的平均等待時間縮小了，VIP可以插

隊的制度其實對普通儲戶的益處最大。但在現實中，為何採用這種制度的銀行仍屬少數，大多數採取似乎低效的專窗模式呢？

這說明，VIP 插隊制度還存在我們忽視了的其他成本。這些成本就包括了李先生覺得這樣不公平的反應，還有重要的一點，VIP 和普通儲戶混合在一起但可以插隊的安排，會增加管理方面的費用。也就是説，甄別 VIP 身份需要額外費用。其他普通客戶也可能會混水摸魚插隊，難保銀行職員不會因此有作弊行為，為熟人大開方便之門，也難避免一些客戶為了趕時間而賄賂職員偽裝成 VIP 客戶。而專門窗口模式，顯然可以杜絕這些漏洞。

李先生的官司是近年來銀行與儲戶關係緊張化的一個反映，銀行裏排隊現象一直得不到緩解，耗費了大量的社會成本。除了可以增強競爭、解決銀行服務供應不足的問題，銀行本身其實也可以借助櫃員機、網絡等自助支付系統來改進服務質量。而隨着金融體系對外資進入的放開，以及網絡交易安全的提高，有理由相信，銀行與儲戶之間這種緊張局面會慢慢消解。

進場費是啥玩意？

　　物價上漲，媒體和民眾都樂意從生產、流通到銷售環節上找尋道德上的原因，此前央視等媒體曾高調批評的超市進場費，無疑是其中之一。進場費是超市針對某種商品向供貨商收取的費用，不少人認為這抬高了商品價格，甚至歸結為灰色費用、潛規則等，認為沒有這些費用，商品價格就會相應降低。

　　媒體曾報道，包括各種名目的進場費以及進銷差價，超市總共收取了高達售價四五成的費用。如此觀之，超市簡直是一

個暴利行業，然而現實中我們又很容易觀察到，超市是勞動密集型企業，進入門檻不高，面對的競爭很大，做不下去的大有人在。顯然，媒體所舉的一些例子過於特殊，不具有普遍性。超市對供應商收取包括開戶費、節慶費、新店開張費、促銷服務費等形式的進場費，只是合約形式的不同而已，其實現實中類似的例子不少。

企業招聘銷售員，因為不同的情況會有不同的僱傭合同。有些只給固定工資，有些只給提成而沒有底薪，有些還有分紅。更多的情況是底薪加提成的合同模式，銷售員即便一件產品賣不出去，也能領到底薪。一般而言，越不為市場所熟悉的產品，採用底薪加提成模式的概率越大。企業主認為自己的產品有機會賣出去，但銷售員對產品的熟悉情況不如企業方，底薪加提成的合約模式無疑更易為雙方接受。

進場費其實也和底薪制類似：超市賣場和供應商的合同關係可看作供應商僱傭超市經營者去銷售自己的商品，供應商會說，我的商品物美價廉，消費者一定會喜歡。超市經營者不一定會認同，如果僅僅賺取差價，可能血本無歸。因為貨架空間的佔用，實際上就是勞動力和資金的佔用。考慮到中國大多數超市都處於寸土寸金的商業繁華區，地租更是一筆大費用。

先收取的進場費，還有篩選供應商的作用。如果超市僅限於賺取差價，所有的供應商都願意把自己的商品擺上超市貨架，超市就必須花費大量精力去調研供應商的信譽以及商品可能被市場接受的程度。社會上的商品供應商何止百萬，商品種類更是難以計算，這是一個耗費巨大的任務。

而對一種商品，供應商無疑比超市掌握更多的信息。先收取的一筆費用，等於告知供應商，你自己盤算一下自己的商品能否銷售到某個數量，否則會虧本。更何況，消費者去超市買了偽劣商品，超市要為之負責。加上商品質量信息傳遞開來也需要時間，先行收取的費用，無疑有着甄別供應商以及商品質量的兩重作用。

由此可見，各種名目的進場費的存在，根本原因在於超市經營者和商品供應商對商品質量信息的不對稱，以及對該商品的最低銷量存在分歧，超市經營者傾向於先索取一筆固定的費用。如果雙方信息相近並且對商品最低銷售量估算的差異不大，比如，是早為市場熟悉的品牌商品，其最大銷量則和商場的推廣力度有關，包括擺放位置、推銷手段、營業員的素質等。

不要以為收取進場費是超市的單方面行為。實際上，正是一些質素較高的供應商，對自己的商品有信心，為了打響市場

推廣自己的商品，希望超市先行收取一筆費用，雙方從而選擇類似底薪加提成的合同模式。在商品質量屢受質疑、常有食品安全事故的今天，這種模式無疑更具有現實意義，其結果並沒有抬高價格，禁止這樣做才會平添市場雙方的交易費用，這個費用的一部份也會轉移到消費者那裏去。

現實比我們想像的世界複雜得多，複雜的世界當然會有複雜的合約結構。不能單憑一時意氣去無端抨擊甚至要借助行政之力予以干預，他們不喜歡的東西可能真會不見了，但是更多不喜歡的會冒出來。

阿米緒命題與**魚樂**之辯

　　秦朝時期，為避戰亂，有人率妻子邑人歸隱絕境，繁衍生息，不知今世何世。這是陶淵明《桃花源記》裏的故事。而在 21 世紀的今天，在最發達的資本主義國家美國，卻有這樣一個民族，他們和桃源人「雞犬相聞，往來種作，男女衣着，悉如外人」的生活幾無二致。他們數百年來過着不變的農耕生活，生活簡樸，拒絕現代化的電話、電腦、電視等科技產品，甚至家裏連一條電線也沒有。他們還趕馬車上路，混在現代化

的汽車周圍，成為一道奇特的景觀。

　　他們是阿米緒人，散居在農耕區平原上，人數多達二三十萬。有人不禁感嘆道：雖然他們生活簡樸，卻比我們更加幸福。意思不外是說現代人過於沉溺於物質生活，忽視了精神層面的追求，因此難以尋覓往日心靈的自由和放鬆。比如，電視的出現，使人們整天坐在一個怪盒子前面，缺乏閱讀，缺少對話和交流。人們發明了手機，雖然溝通便利，但卻反而制約了自己，隨時都處於緊張的狀態中，不能真正放鬆。類似這樣的例子還有很多，總之，是他們認為選擇了物質而放棄了精神追求的人們，還不如阿米緒人幸福。

　　阿米緒人比我們更加幸福嗎？

　　幸福是極為主觀的價值判斷詞彙，如果一定要進行大小比較，我們只能回到經濟學的效用角度。要注意的是，效用是序數概念而非基數概念。也就是說，只能排列順序而不能進行加總比較。而順序是通過選擇來表現的。一個人選擇了A而放棄了B，表明A給他的效用更大。但如果是兩個人的不同選擇，其效用我們是不能進行比較的。

　　「阿米緒人活得比現代人更為幸福」的說法，至少犯了兩個錯誤。第一個錯誤，「阿米緒人是幸福的」這是對一群人

而非一個人的判斷，是大有問題的。對單獨的某個阿米緒人來說，他因為居住在鄉間，生活簡樸，劈柴餵馬，關心糧食和蔬菜，而在城市裏要用現代化電器，要開耗用汽油的車，因此他在鄉下更快樂嗎？這種對比的問題，是沒有考慮阿米緒人的退出成本，這是重要的約束條件。我們無從得知，阿米緒人是否厭惡現代文明而覺得鄉村生活更加幸福，還是因為其他因素制約，退出成本增加。

第二個錯誤是不同主體之間的效用是不能進行比較的。你吃漢堡包，我吃叉燒包，你的效用不能和我的比較。某個阿米緒人，他坐馬車，點蠟燭，居住在環境清新的平原，另一個是上班族，朝九晚五，居住在熙攘擁擠的市區。哪一個更加幸福，是不能進行比較的。

有人偶爾郊遊或者遠足到鄉間，空氣清新，環境優美，甚至能「感覺到花蕾在春風裏慢慢開放時那種美妙的生命力」，聞到「秋風中常常都帶着種從遠山上傳過來的木葉清香」（古龍語），這種感覺讓他精神一振，幾天之後便打道回府，大隱於市，向城裏人推銷「阿米緒人比我們快樂多了」的幸福觀。這是怎樣的一種矛盾啊！

我想起了莊子和惠子那個著名的辯論。魚是否快樂，你可

以說牠快樂，我可以說牠不快樂，看和什麼比較。如果一個大池塘，魚多游於水草之間，那麼我們不妨認為，牠們在水草中嬉游會更快樂。如果魚可以躍上岸邊，但牠們沒有這樣做，我們可以認為，牠們在水裏比在岸上更加快樂。

　　但如果沒有了選擇，就無從比較快樂。莊子說魚多麼快樂啊，只是一句文藝抒情而已，他並沒有說魚比我們快樂多了這樣的話，因此當惠子無理取鬧質疑「子非魚，安知魚之樂」時，與其用「子非我，安知我不知魚之樂」這樣更為無賴的句子來反駁，莊子還不如白眼一翻，答覆說：「牠們沒跳到地上，說明牠們在水裏是快樂的。」

第五卷

雜論：
經濟學
並不神秘

調高最低工資影響加薪

　　每到「兩會」期間，有關收入分配的話題總會引起人們的廣泛關注。有代表曾表示，由於近年來物價波動較大，收入跑不贏 CPI（居民消費價格指數），我國各省的最低工資標準每兩年調整一次的標準太低，因此應該加緊建立「最低工資標準」與 CPI 的聯動機制。而發改委及人社部官員也表示將會推進最低工資標準的調整，完善工資正常增長機制。

　　聯繫到更早的時候政府提出的收入倍增計劃，有人為此振

奮不已。他們的邏輯和這位代表觀點近似，認為最低工資是工人權益的保障。願景或許是美好的，然而實際很可能會事與願違。

2012 年的春節前，一位朋友跟我談到他所在的企業情況，過去一年因為內外環境的改善，企業薄有盈餘，加上人員流動比較大，因此資方準備春節之後全面提高計時及計件工資。後來再碰到他，才得知他們單位的加薪計劃擱置了。

原因很簡單，是年後最低工資又調整了。廣東省政府頒發通知，各地企業職工最低工資標準和非全日制職工小時最低工資標準從 2013 年 5 月 1 日起進行相應調整，平均增幅高達 19.1%。

有人覺得困惑，認為工人收入一般不會低於最低工資，不明白調整最低工資為何會影響企業加薪計劃。要知道，提高最低工資也意味着提高包含社保、醫保等在內的俗稱「五險一金」的計算基數，企業除了直接支付給員工的工資之外，還要購買五險一金，如今這筆費用增加了不少，但沒流到工人那裏去。

原本的加薪計劃因為這筆額外支出戛然而止，這個現實中的真實案例可以透露出不少信息，企業出不起錢，人員就會慢

慢流失。企業主動加薪，並非是善心大發，而是市場競爭的壓力。最低工資制度也並不能保護工人、增加他們的收入。相反，更多情況之下它會成為低收入者上進的障礙。

以前的手工業興盛，如果有人想入行做學徒，一般既要有介紹人，還要與師傅訂立契約。前三年內一般沒有工錢，在打雜之餘學一點基本功。再用幾年時間，如果師傅覺得「孺子可教」才會傾囊相授，掌握一門手藝。現在一些行業，比如理髮店也有類似安排。學徒工資很少甚至沒有，學幾年出師，得以自立。如果硬要師傅至少按照最低工資支付學徒工資，那就沒人願意招收這些沒技術的人了。或者師傅要先收取一筆拜師學藝費，然而，學徒的資質、師傅的水平都需要互相考驗，這樣做純粹是增加了雙方的信息不對稱。

經濟學家當中儘管也會存在如同保羅・克魯格曼那樣為奧巴馬政府大幅提高最低工資叫好的，但大多數人對它的負面作用還是有共識的。2008 年前後經濟危機席捲全球，芝加哥大學經濟學教授穆里根（Casey B. Mulligan）觀察發現，經濟衰退期間社會上兼職工作者越來越多。但由於聯邦政府 2009 年7 月起大幅度提高了最低工資，從 8 月開始，兼職工作者增長的趨勢開始反轉。「勞動力市場的衰退問題是很明顯的，它顯

示了一個最低工資法律的構想錯誤和沒有必要，它可能只會讓更多的人加入到失業大軍中來。」穆里根教授如是說。

「兩會」代表呼籲的最低工資和 CPI 聯動的做法，其實也來自西方。例如美國不少公司和員工簽訂的僱傭合同就會包含「生活指數調整」的條款，保證收入能夠跟隨通脹自動上調。另外美國政府也有規定，第 1 等至第 15 等公務員的工資額會隨物價指數的變動自動調整，以便保證公職人員的實際工資不會因為物價上漲而降低。這讓國人艷羨的法規，其實是埋下了隱患的。

經濟環境較好，不會有什麼大問題。GDP 年年增長，即便沒有類似規定，工人收入也會在市場競爭之下增加。然而，當經濟環境發生扭轉時，這種機制卻杜絕了收入向下調整的可能。企業只能減少招聘甚至大幅裁員，在福利主義政策主導下，政府財政赤字也只會大增。美國的教訓應該讓我們明白其實「殷鑒不遠」，最低工資聽起來很美，但僅此而已。我們的法規更應該關注的是如何營造一個公平合理的市場環境，那樣無論是企業還是工人都會從中受益。

企業併購回暖的**兩重**隱憂

　　幾年來沸沸揚揚的幾起併購案，包括「凱雷收購徐工」「SEB併購蘇泊爾」等，都曾引起廣泛關注，甚至不乏強烈反對的聲音。這些聲音，一些是涉身其中的人發出的。比如蘇泊爾事件中，六家炊具企業曾聯合發表反對蘇泊爾併購案的緊急聲明，認為法國SEB集團絕對控股蘇泊爾，會壟斷與中國相關的產品市場，破壞目前行業相對良性的競爭環境，會對社會、行業以及廣大消費者造成嚴重的負面影響。他們的反對聲

音不難理解，因為蘇泊爾是其對手，對手規模的增大和處境的改善，會威脅他們自身的利益。他們的反對呼聲如此強烈，是因為他們害怕對手強大，自己缺乏競爭力，因此欲借助民眾的民族主義情緒，來反對併購，增加對手的壓力。

而一般民眾的疑慮，是由於知識上的誤區，加上民族主義、集體主義情結作祟。例如，他們認為購買國貨能促進民族工業發展，認為反對外資企業的併購是保護了民族企業。須知，一個拳擊手，他只有打敗了所有對手的時候，才能顯出他的強大。同理，一個只有在市場競爭中勝出的企業，才是真正強大的企業。何況，拳擊手的勝利，僅僅是他自己的榮耀；而市場競爭，勝者賺得利潤，廣大消費者也因此得益。

因此，抵制企業間的併購，既保護不了被併購的企業，也不利於行業的健康發展。本地企業在發展壯大的過程中，可能會遇到各種問題，比如資金問題、技術問題，另一家企業可能會遇到本土化的經驗問題，雙方優勢能夠形成互補，在併購的交易費用少於併購而帶來的好處時，他們就有合併的動力。依照新制度經濟學從合約本質看企業的角度，同樣可以把企業之間的兼併看作一紙關於市場交換的合約。交換的形式有現金、股票、資產（指廠房、機器設備、人力資源、企業聲譽等）之

間的交換。他們為什麼會交換，就如我為什麼會用一瓶礦泉水去換取你的一個麵包那麼簡單。我如果不是對麵包的渴望勝於礦泉水，我不會和你交換。你如果不是因為口渴，你也不會和我交換。反對交換，就會讓一個人挨飢、另一個人口渴。允許交易，就會讓雙方的處境得到改善。

因此，在世界經濟日益走向全球化的今天，併購之中涉及外資，實在不應該大驚小怪，更不應該上升到破壞競爭甚至國家安全的地步，蘇泊爾董事長蘇顯澤有一句話說得很好：「一口鍋又不涉及國家安全，以此為理由反對開放，其實是保護落後。」而之前可口可樂收購匯源果汁被商務部否決，除了民眾的情緒，更讓人擔心的是權力對市場肆無忌憚的干預。

斯蒂格利茨給中國改革<ruby>亂開</ruby>藥方

　　哥倫比亞大學教授約瑟夫‧斯蒂格利茨曾擔任世行副總裁和首席經濟師，他曾撰文談論中國的改革，認為中國的問題在於市場管得太多而政府管得太少，從而導致環境污染、貧富分化等一系列問題，因此中國應該通過提高稅收來增加公共教育、醫療和其他公共產品投入的開支。

　　簡單地以自由市場、小政府原則和立場來反駁，難以辨析其謬。約瑟夫‧斯蒂格利茨的觀點其實並非信口開河，而是源

於他所專長的信息經濟學的研究。亞當‧斯密以來古典經濟學的傳統，認為個人追求自身利益的同時，也實現了社會利益的最大化。也就是說，個人利益和社會利益是一致的。

約瑟夫‧斯蒂格利茨則認為完全競爭模型僅是一個美好的圖景而已，現實當中存在信息不對稱、外部性問題、不完全競爭、壟斷等各種情況，導致市場失靈。故此，通過政府行為的介入，能彌補市場缺陷，提高效率。而正是在市場信息方面的研究，使他和阿克爾洛夫、斯賓塞一起贏得 2001 年諾貝爾經濟學獎。

約瑟夫‧斯蒂格利茨在和他人合寫的一篇談論保險市場不完備信息的文章中，開篇就批評傳統經濟學對信息的不重視，「理論經濟學家的傳統做法是在腳註中討論信息問題」「經濟學理論中一些很重要的結論在信息不完備的條件下變得不適用了」。經濟學家把信息問題作為一個重要因素研究，而非只是註腳式的順便提及，在這一點上可以說是進步。

但是，以約瑟夫‧斯蒂格利茨、曼昆、阿克爾洛夫等人為代表的新凱恩斯主義學派卻認為政府介入就能彌補市場體制缺陷，這卻是淺見了。實際上，信息費用本來就是市場的一部份，沒有信息費用就不會有市場的存在。市場出現各種各樣的合約模式，正是應對不同的信息不完備、不對稱情況而降低交易費

用的辦法。

比如阿克爾洛夫說舊車市場會「檸檬化」（次品化），因為賣車的比買車的知道更多關於二手車的信息，長此以往，此市場會慢慢淘汰。約瑟夫·斯蒂格利茨也認為，保險市場裏被保險人與保險公司之間存在信息不對稱，車主買過保險後會有「道德風險」，疏於保養，保險公司會賠個精光。

俗話說「買的沒有賣的精」，但人類歷史上買賣可從來沒有停止過。不同地區、不同時期舊車市場的廣泛存在，就辯駁了檸檬市場理論。市場的萎縮、消失，對買賣雙方都是損失，他們怎麼會坐視不理呢？在現實中，舊車的質量信息會被分類、標籤，有專門的鑒定和擔保人員，何來檸檬之說？而道德風險不外乎是人性自私的同義反覆，保險業可沒有凋零。

如今約瑟夫·斯蒂格利茨以信息問題為基礎，擴展到談及政府職責等宏觀問題，其錯誤是一以貫之。他認為政府應該管得更多，在醫療、教育上投入更大，這種論調的理論基礎是所謂的「外部性」。認為一個人受到良好的教育和培訓，不僅是他個人的事，還對社會有積極的作用。但是，如果讓他自己出價，他只願意為自己受益的那部份出價，這導致教育投入不足。而污染問題則被認為是存在負的外部性，建造一家工廠，

只會為廠房、機器設備、人員招募做投入，但是工廠對環境污染這部份成本卻被忽略了。

因此，針對正負的外部性問題，約瑟夫・斯蒂格利茨的觀點是政府應該通過增加政府開支、增加稅收兩種策略對待，這其實是提倡政府干預的「庇古稅」思路的延續。科斯等經濟學家的研究，已經表明外部性問題的本質是產權的界定問題，其實是可以通過產權界定和合約形式實現外部性內部化的，無須通過政府這隻有形之手來調整。政府的過多干預，只能帶來更低的效率。

中國在醫療體制、公立教育方面的積弊已經逐漸顯露，而歐美地區更是壞榜樣。為了一個手術而排期幾年者大有人在，得了小病去看醫生，公立遙遙無期，私立費用昂貴得令人咋舌。政府在公共醫療上投入巨大資源，醫生執業資格要求過於苛刻，約束了不同層次的醫療服務的提供。還有就是法規上對患者過份的保護，一個意外事故可能會被索賠幾百上千萬美元，律師、訴訟是很大的交易費用，這明顯推高了醫療的價格。

中國經濟改革的下一步，應該是避免行政行為對市場的過多干預，減少以前慣用的「左調控右調控」現象。這才是一劑會使中國和全世界受益的良方。

市場緣何落得個「無妄之罪」？

市場是一種用鈔票投票的制度。鈔票是交換媒介，那些提供優質商品和服務的商家，會贏得市場。一般而言，與其他制度相比較，商家認的是鈔票，而不是職位、官銜、膚色、種族、年齡等因素。也正是這個原因，與其他制度相比，市場制度節省了不少租值耗散。

當然，這並不是說市場之下就不會有其他因素的影響了，商家的某些做法，容易引致歧視的爭議。某餐廳同一款套餐，

你花了 100 元，他使用了餐廳之前派發的優惠卡只花了 80 元，你可能會認為自己受到了歧視。另一種情況，你和他同時在一家餐廳等位，他先被招待了，你也可能會有受歧視之感。

前一種做法在經濟學上叫作價格歧視（或者價格分歧）。價格歧視是經濟學上老生常談的話題，指商家通過不同的價格策略，盡可能地榨取消費者盈餘。而傳統上喜歡用需求彈性係數來分析其原因，意思就是說，你愛好西餐比他多一點，價格漲了點也不太可能減少消費。他呢，稍微漲價可能就不吃了。那麼餐廳就可以對你收取高一點的費用，而對他少收一點錢，這樣兩者的錢都賺到了。

這種分析邏輯是可以理解的，有些人對某商品特別喜愛，價格在某個區間內變動對其消費量影響不大。問題的關鍵是如同張五常教授在《經濟解釋》中所認為的那樣，以需求彈性係數不同來解釋價格分歧是一個沒有驗證過的理論假說，因為真實世界的彈性係數是難以觀察及量度的。而商家要推行價格歧視並不容易，必須有信息費用的輔助，還要有空置資源。

而後一種歧視，就是以價格之外的因素區別對待消費者了。比如，之前一則新聞就很有意思，據外國媒體報道，法國的一家餐飲集團遭投訴審美歧視。該集團旗下餐廳前僱員向媒

體透露說在帶顧客進店的時候，會把相貌好看的客人安排在好位置。

如果說，餐廳針對不同消費群體實行價格歧視是為了最大限度取得消費者盈餘，那現在是給貌美者優等座位，餐廳這樣做有什麼好處？在現實中可以見到類似的現象：給常客、熟人好的座位，還給那些可能帶來更多生意的人更好的招待。比如一家企業的後勤負責人去某餐廳吃飯時，經理出來招待，免費給予包間，原因是這個人有權決定公司年飯在哪裏吃。

但是報道所說的餐廳刻意給貌美者好座位，就令人費解了。如果真是這樣，這個餐廳明顯是趕客的做法了。貌美和貌醜兩端者是少數，爭議不大，但多數人相貌一般，餐廳的容貌歧視做法，會讓多數人望而卻步，長遠來看這樣做的餐廳會被市場淘汰。問題是，這家餐廳真會為了自己的審美偏見而刻意歧視容貌醜的消費者嗎？

實際上，這是一則故意引發讀者誤解的報道。因為後面還有說明，就是長相好的客人會被帶到既容易觀景也容易被看到的桌子邊，還有就是名人則不管美醜都會被帶到優等座位上。這就是關鍵之處了，顧客被帶到的其實並不是容易觀景的好座位上，而是容易被看到的位置，只不過這家餐廳景觀好的位置

恰恰也是容易被看到的位置而已。

有些餐廳好的座位是在中間位置，門口就可以看到，服務方便，而差一點的是角落位置，空間較為逼仄。另外有些餐廳則相反，好的位置曲徑通幽，容易看到風景而且不易受到干擾，明星藝人光臨時也會挑這些位置。這兩種不同是和餐廳所在位置和裝修佈局有關的，而新聞報道裏所説的餐廳顯然屬於前者。

顧客走入餐廳，如果看到的多是邋遢、不修邊幅的人，就可能會打退堂鼓。從餐廳的角度來看，把不僅是長相好看，還包括舉止、談吐、穿着優雅得體的顧客安排在顯眼的位置，可以提升餐廳的品位等級。如果有絕代佳人光顧，坐在顯眼的位置，會應者如雲。這些做法本質上是為了提升餐廳的租值，問題是容易惹來人權方面的指責。

這也是市場的複雜所在。市場雖然是公平的，認錢不認人，但不代表對所有消費者都一視同仁，其價格策略是千變萬化的。還有，世上諸人都有各自的品味和審美，而這些品味和審美會影響市場。這些因素都有可能讓人覺得是歧視，侵犯了人權，而讓市場落得個「無妄之罪」。

企業家精神與**責任**有何關係？

　　此前，柳傳志、馬雲等人的言論曾在媒體掀起一場關於企業家精神和責任的討論。柳傳志認為企業家應該在商言商，不談政治，這甚至在一個企業家社交網站上引發風波，有人憤而退出。而另外有一些人則認為，企業家不應該僅僅做好企業，還應該負擔起更多的社會責任。

　　時任萬科董事會主席的王石無疑是其中一位，他認為企業家要回饋社會，把企業家的才能用在公益事業上。他說起一件

事，一次他響應國際環保組織號召發起拒吃魚翅倡議，而他的一位企業家朋友拒絕簽名，説酒宴應酬難免會碰到。王石因此評論説：「在拒吃魚翅這件事上，他沒有展現出自己的企業家才華」「企業家除了要相信自己是值得人們尊敬的，更需要以企業家的方式為社會提供價值」。

王石説他這位朋友在企業產品、技術和管理上卓有成績，但是卻不願意簽名拒吃魚翅，是怕可能在酒宴應酬時得罪人。有意思的是汶川大地震時，萬科因王石「不要讓慈善成為員工負擔」的話捲入輿論中心，而正是從那時開始，在對待輿論的態度上，無論是王石還是萬科都明顯變得謹慎起來，之後王石也逐漸把自己的主要工作轉到了社會慈善公益之上。但我認為，王石是在「學聰明」的同時，自我角色也轉變成了與以前抨擊他的那些人一樣。

其實我不覺得拒吃魚翅和公益會有什麼關係。在某些動物保護組織眼裏，食用鵝肝、狗肉等食物，都會被他們認為是不道德行為。相反，組織網友圍堵甚至攻擊狗肉店、到高速路攔截運狗車卻會被認為是一項公益行動。「公益」二字如果不着眼於人，很可能會變成一個侵犯個人權利的道德幌子。

這讓我想起之前柳傳志一段引發不少批評的話：「我們如

果現在就一人一票，大家肯定贊成高福利、分財產。還保護什麼私人財產，先分完再保護，完全有這種可能。它會一下把中國拉入萬劫不復的場景。」這話其實包含着對市場和私產保護的深刻洞見。不少人喜歡高談闊論民主，包括一批企業家，然而他們不知道民主的本質是投票，市場的本質是鈔票，兩者其實是背道而馳的，缺乏憲政制度保護的民主很容易戕害市場。

柳傳志所說的在商言商四個字，其實是承接了他之前所說的，企業家精神不在於他在企業和產品之外說和做了什麼，而在於他為市場提供了什麼產品。這便是熊彼特所說的「創新就是企業家的主要特徵」。這些創新包括新產品或者產品新特性，或者是生產方法、市場、供應來源和組織幾個方面的創新。

至於企業家創新的動力來自何處，熊彼特認為企業家創新的動機是為了滿足個人需求，然而所謂的個人需求可以無所不包。有些人或者是為了發財致富，有些人或者是希望通過企業的成功獲得社會名望和權力，又或者僅僅是征服的衝動，滿足於創造帶來的歡樂。

那些全身心投入到產品和市場創新的人，即便他們的動機是為了私人財富，但他們同時是為社會做出了巨大的貢獻。因為要維持企業發展和壯大，就必須在產品和市場方面下苦功。

或者是創造新產品，出他人之所未有，或者是挖空心思降低成本，贏得市場。企業家競爭的結果，是市場的繁榮、供應的增加和價格的降低。

比如馬雲創立淘寶，探索出解決市場誠信問題的支付寶模式，使大量面對面的交易轉到網上，這些都是創新。創新的結果，是大大降低了人們搜尋產品的時間成本，降低了合約達成的交易費用。還讓無數人可以在家工作，當中一些很可能是身體殘疾者，他們也可以自食其力。這比直接用金錢扶助他們顯然讓他們更有尊嚴，也更有效率。

並非說慈善公益行為無意義，問題是把企業家精神和這些扯到一塊，甚至認為那是企業家的基本要求，則會適得其反。所謂倉廩實而知禮節、衣食足則知榮辱，一個有良好的市場秩序鼓勵企業家創新的社會不可能是一個自私冷漠見死不救的社會。對企業家提出太多與產品無關的要求，其實是捨本逐末的行為。

從明星編程員被 開 除 說起

　　美國一家知名基礎設施公司的程序員鮑勃，為人溫和友善，工作質量良好，提交的代碼整潔、及時，月薪高達六位數字，連續多個季度被其所在的公司評為明星編程員。

　　這樣一位優秀員工最後卻被炒魷魚了。因為他被調查出將其工作外包給中國瀋陽的一家軟件公司，外包費用僅僅是收入的兩成左右，而省下大量的時間用於網上購物、看視頻、上社交網站。不但如此，他還從其他公司接私活，再轉手外包，大

賺一筆。

鮑勃是聰明的，相同的工作，別人去做成本更低，他選擇了將工作偷偷外包給中國公司。對其所在的公司來說，工作按時完成，表面上似乎沒什麼損失。然而，如果僅僅為了完成代碼工作，鮑勃的公司完全可以以公司的名義將工作外包出去。

通信技術的迅速發展意味着成本的降低，IT 服務業外包也發展迅速，印度就承接全球 65% 的軟件外包市場業務，被稱為「世界辦公室」。因其曾經是英屬殖民地，官方語言是英語，故此受過高等教育的印度人基本都會讀寫流利的英文。這種共同的語言基礎大幅降低了和歐美等國的交易費用，使其成為重要的外包業務承接基地。

相同的工作在不同的國家收入迥異，這和國家發展程度有關。美國是發達國家，兩三百年的資本主義社會積累了大量財富和經驗，民眾收入也較高。換句話來說，也等於是勞動力價格相對昂貴。而中國改革開放只有幾十年，財富積累不如美國，但全球化使世界更加扁平，不同發展水平的國家偏向選擇本國具備比較優勢的產業，並互通有無。即便是同一行業也可以通過拆分組合細化分工，而部份分工會外包到其他國家。

比如美國一些大型通信公司紛紛將電話客服業務外包給印

度，美國的消費者打服務電話時，將直接由印度的客服工程師接聽。很明顯，這些企業通過外包服務大幅降低了成本。有些人表面會因此受損，比如外包之後這些公司會減少本國僱員數量，但是，最廣泛的受益者還是美國人自己，他們購買相應產品的價格會降低。

有工會團體因此組織遊行抗議，認為這削減了本國的工作機會。在政治壓力影響之下，某些外包業務會被終止，而這些僱員顯然是享受了政治租值的。消費者是沉默的大多數，他們理應問一句，我們真要花費那麼多的錢在不需要多少技術含量的電話客服身上嗎？

至於鮑勃所在的公司沒有選擇將代碼業務外包的原因，應該主要是基於保密性等方面的考慮。鮑勃將自己的活私下外包給其他公司，這是違反了協議的，而他本身和中國公司達成的協議，是對原來正式合約的侵犯，不受法律的保護。他不勞而獲，而公司承擔了洩密的風險。

貿易保護主義的救命稻草

　　近兩百年前，英國政府推出新的《穀物法》，規定在國內糧價沒達到某個價格前不能進口。這種政策大大削弱了工業的競爭能力，李嘉圖適時提出了著名的比較優勢理論，認為英國在紡織品生產上所佔的優勢遠比在糧食生產上大，故應該專門生產紡織品。一般認為，這是《穀物法》後來被廢除的理論依據。

　　比較優勢原理簡單，本質就是成本的概念。如果你把成本

理解為絕對成本，也就無法理解比較優勢。律師一分鐘可以打100個字，但他會僱用一個一分鐘只能打80個字的打字員，那是因為他當律師可以賺得更多。他打字的成本，要從做律師的收入來看才是正解。

推而廣之，兩個原本獨立的經濟體，如果允許自由貿易，因為比較優勢不同，兩者都能增進彼此的福利，這是支持自由貿易和全球化的理論基礎。在全球化和自由貿易基本成為共識的今天，貿易保護主義者的各式理論都岌岌可危，因此當他們看到薩繆爾森 2004 年發表於 JEP 學報的一篇文章裏有「自由貿易」「可能損害美國利益」的字樣，便順手撈來作為救命稻草，不禁令人嗟嘆。

周其仁教授轉述薩繆爾森的觀點，說自由貿易有可能會損害一個國家的利益，邏輯是這樣的：如果兩個國家從封閉狀態轉向互相貿易，因為比較優勢不同，互相有利。但是，如果其中一個國家原本不具有比較優勢的產品取得技術突破，這個國家就會減少甚至停止進口原本不具備比較優勢的這種產品。比如美國製造飛機有優勢，中國生產襯衫有優勢，中國如果造飛機技術進步大，就會自己製造飛機了，到了一定的程度會停止進口飛機，美國也只好自己製造襯衫，這等於回到了不貿易時

候的境況，因此美國會因為中國的技術進步而受損。

　　我不知道貿易保護主義者如何從中得出自由貿易可能永遠損害一個國家利益的結論的。即便按照上述邏輯，由於一個國家在某方面的技術進步導致比較優勢相同，可能不再互相貿易了。如果這便是最壞的情況，一開始就不貿易，不就是永遠都處於最壞的境況了嗎？薩繆爾森自己也說了從他的分析中並不能得出應該還是不應該採取選擇性的保護主義的結論。

　　至於薩繆爾森所說的一個國家的技術進步是否會損害另一個國家的利益問題，邏輯上的確會存在。比如世界上只有兩個人，其中一個人會生產糧食，另一個人什麼都不會，只能幫另一個人打工，換取糧食。現在不會種糧的那個人忽然掌握了技術，自己一樣可以生產糧食了。他就不需要幫人做雜工了。你可以說，原本會生產糧食的那個人「受到損害了」。但從總體來看，糧食產出更多了。

　　中國如果從只會生產襯衫到也能造大飛機甚至不需要買美國飛機了，美國消費者就享受不了以往價格低廉的襯衫。但是，世界上飛機的產能因此增加了，運輸費用會下降，美國人從另一個方面會有收益。

　　這個世界是由無數的人組成的，有無數複雜的資源和產

品，也隨時在變化。抽象地以兩個國家、兩種商品來比較，很可能會一葉障目不見泰山，只看到受損者沒看到受益者，只看到受損的行業沒看到受益的行業。有人從中總結出所謂的等優勢或等劣勢貿易模型，認為這是比較優勢的硬傷或者死角，殊為可笑。正是市場和自由貿易使我們每個人的生活更為繽紛多彩，故此更應該從個人的角度而非國家的角度來看比較優勢，全球化的結果是選擇範圍的擴大和個人權利的增進。

經濟危機與計件工資

2008 年，經濟危機席捲全球，對國內中小企業來說，這是慘淡經營甚至度日如年的一年。而這種感覺到了 2011 年中後期又再次出現。用工成本大幅提高，人民幣持續升值，加上歐美債務危機影響，訂單減少。大量中小企業感到資金緊張，民間借貸利率高企。

與此同時，提高最低工資標準的呼聲與日俱增，勞動合同法的執行力度也有收緊的趨勢。因為這些勞動法規的具體內

容，包括不斷提高的最低工資標準、十年以上工齡不能辭退、強制購買社保等，實際上對中小企業廣泛採用的計件工資合約的影響很大。

計時工資和計件工資是中小企業普遍使用的兩種工資合約模式，企業如何選擇，取決於具體工種裏的信息費用。

曾經與一位親戚聊天，她說最近去一家摩托車廠工作，工資固定，加班費按時計算。這是比較特別的了。我馬上問她：「你是在流水線工作吧？」答案當然是肯定的。她做的是摩托車裝配的流水線，每小時有固定數量的零件流過，工人各自負責自己的工序，要在規定的時間內完成，提早完成的可以稍稍休息一下。這是產品和模式相對固定的企業，工序變化不大，上下工序結合緊密，講究團隊效率，也就是所謂的木桶原理，團隊效率等於工作效率最低的那個人的效率，企業管理者會把效率相近的人安排在同一組。在這種模式下，個人的工作速度和質量容易通過同組人的互相監督來考核。

加工企業更多情況下選擇的是計件工資。這些企業規模和設備有限，工人素質參差不齊，而加工的產品也五花八門，並不固定。通過計件工資合約，能有效鑒別工人的工作效率，並且根據其效率分配不同的設備，達到最優使用。這是因為工

廠有固定的成本，包括佔用機械設備。單位時間完成更多的產量，無疑單位產出耗費更少。因此有些工廠會對超額的產出給予遞進式的薪酬回報。而這樣的合約也降低了工人的進入壁壘，在技術尚未過關時，他們可以少拿一些工資，邊學邊幹來積累經驗。用宏觀一點的話語來說，這樣有助於減少失業。如果存在一個法定的最低工資標準，那麼初學者會被歧視，難以找到工作。

西方的經濟危機也能給我們一些借鑒。那裏約束自由僱傭合約的壓力來自工會。以美國為例，近百年前通過的《克萊頓法》，使工會免受《謝爾曼法》有關反壟斷規定的限制，後來又通過其他條例和法案對勞工組織侵權行為免責，禁止僱主干預工人組織工會，甚至曾有勞工聯合會、產業聯合會的官員擔任最高法院法官。

工會由此獲取了非常大的政治權力。比如，很多公司簽訂的僱傭合同都包含了「生活指數調整」條款，以保證工資能跟隨通脹自動上調。可當經濟不景氣時，資方要向下調節薪酬卻幾乎不可能。另外，一些行業禁止計件工資合約，認為工人生產效率高時企業會降低其分成而剝削工人。

這裏既有錯誤的知識，也有平均主義鼓勵好吃懶做的流

弊。在經濟環境轉差時，如果工資合約不能靈活調整，企業很可能就會因為成本過高而關門大吉，百年老店通用汽車的破產就是一個例子。失業率會因此顯著增加，而市場投資也會受到打壓，財政赤字加劇，政府不得不開動印鈔機，通脹也因此加劇，陷入惡性循環，經濟因此受到沉重打擊。

歸根結底，美國的工會約束了合約的結構，造成難以由市場自動調整的「工資剛性」。在如今不容樂觀的經濟環境下，過度去干預工人和企業主的合同條款，無異於自縛手腳，壓制了企業家的創新精神，約束了市場的自我調節能力。而實際上工人的處境和企業主是榮辱與共的，他們境況的改善靠的是自由市場而非政府的一紙法令。

跳出個稅看個稅

　　我國的個稅徵收標準調整過多次，最近的一次，免徵額提升至 3,500 元，這無疑會減少大多數工薪階層的稅收負擔，然而起徵點的爭議依舊眾說紛紜。

　　對徵稅的徵收原則和具體細節，不同收入的人會有不同的訴求。低收入者或希望加大對高收入人員的徵稅力度並補貼給低收入者，中產階層希望提高起徵點。因此有不少人希望參考美國的個稅模式，包括具體的稅率安排、考慮不同的家庭結構及收入來計稅、對低收入者予以補貼等政策。

　　這些建議忽視了中美稅制的不同。中國的稅制結構是以間

接稅為主的，也就是營業稅、增值稅、消費稅、關稅等稅收佔據了大部份比例，而個稅只佔總稅收的一小部份。比如 2015 年全國個稅收入總額約 8,618 億元，只佔全國稅收總額 11 萬億元的 7.8%。而在美國，個人所得稅是聯邦政府最大的收入來源，每年約佔聯邦政府收入的 45% 左右。

在我國，商品生產和流通環節的稅收才是大頭。這種間接稅大多是針對企業徵收的，一般人對此不會很敏感，也正因此具有一定的「欺騙性」。比如，有媒體統計過，一瓶進口葡萄酒身上有三種稅，包括 14% 的關稅、10% 的消費稅、17% 的增值稅。而 2011 年一季度涉及進口商品的稅收高達 4,396 億元，佔稅收總收入的比重高達 18.8%。與此同時，外匯儲備突破 3 萬億美元。這兩個數字是相關的，裏面有重商主義思維的陰影。因此，呼籲降低這部份稅收，其實比過度關注個稅更為重要。

當然，在間接稅佔較大比例的情況下，個稅的徵收應該奉行盡可能從簡從小原則。即便在美國這樣以直接稅作為最大稅源的國家，一般工薪階層的稅負也不大，一個年收入 4 萬美元的中產納稅人，他實際繳納的聯邦個人所得稅只是收入的 10% 左右。考慮到分稅制的背景，把個稅交由地方政府處理，根據不同的地區情況自行制定和收取，應該更能體現公平與效率原則。

虛無縹緲的效率工資

一位外號為「ET」的仁兄任職某國企人力資源部，工作清閒，收入不菲，喜好跟人辯論。這天，ET振振有詞，說中國不能老是作為全世界的工廠，賺得不多，付出不少，勞動密集型的現狀一定要改變。而要達到這個目標，首先要做的是提高工人薪酬，工人的薪酬提高了，他們會更努力工作，有助於產品質量的提升和中國經濟的順利轉型。

我在一邊尋思，ET一定知道效率工資這個詞語。

所謂效率工資，是指企業支付給員工的工資高於市場出清工資的水平。因為存在着信息不對稱，所以僱主不能完全知道僱員工作的努力狀況，對工人的監督也需要成本。如果職員得到的只是出清工資，就意味着他離職之後，可以在很短的時間內就能找到一份同等待遇的工作。如果僱主支付的工資較高，辭職了不容易在短期內找到類似的工作，僱員就會付出更大的努力，保住飯碗。也因此，僱主可以通過提高工資水平來提高員工的工作效率，這等於降低了成本。

廣為他們引用的一個案例，是 20 世紀初福特汽車公司的故事。在大多數公司給工人兩三美元日薪之時，福特公司給出五美元，吸引了大量求職者，而原有職員對公司的忠誠度上升了，辭職率和解僱率大幅下降，生產率也得到了提高。也就是說，福特通過支付給工人更多的薪水，賺了更多的錢。亨利‧福特說：「我們想支付這些工資，以便公司有一個持久的基礎。我們為未來而建設，低工資的企業總是無保障的。為每天八小時支付五美元是我們所做出的最好的減少成本的事之一。」

現在也有類似的故事，比如谷歌對員工提供了很不錯的工資待遇，網絡上就流傳着一些細節，為不少人津津樂道。他們的感觸是和 ET 一樣的：谷歌通過提供好的待遇，刺激了員

工，等於提高了他們的不努力工作或者離職的成本。因此，工作效率得到很大提高，谷歌發展成為世界上最有影響力的網絡公司。

事實上，曾經有好幾位獲得過諾貝爾經濟學獎的經濟學家，從事過效率工資的研究，例如 2001 年獲獎的阿卡諾夫和斯蒂格利茨教授。而效率工資的發端，根據張五常教授的闡述，來自他 30 多年前一篇關於電影院票價研究的文章。

張五常教授當年實地考察香港電影院的售票情況，得出一個結論，認為優質座位的票價偏低。意思是說，本來價格可以賣高一點，取得更多的門票收入。這個結論是可以被事實所檢驗的，因為優質座位的票先賣完了。跟着問題來了：為什麼影院不提高優質座位的價格，取得更高收入？張五常得出結論，他所觀察的那些影院，不同等級的座位之間流動方便，監管困難。觀眾很可能會購買票價較低的座位，而入場後轉去優質座位看電影。故此，商家通過壓低一點好座位的價格，先把這類座位的票賣出去，讓買這類座位的人去監管，是節省了監管費用的。但是，如果不同等級的座位是物理隔開的，導致監管費用會大幅下降，商家就不會降低價格銷售優質座位門票了。

電影院票價案例是來自真實世界的，而吸引 ET 並為許多

經濟學家日夜研究用以解釋失業的效率工資，現實之中其實是無從觀察得到的，因為出清工資是多少無從得知。一些公司提供行業內較好的待遇，他們是希望吸引更高素質的人才，能在市場競爭中勝出。ET 所認為的通過提升工資來提高效率甚至進行產業升級，建立在虛無縹緲的效率工資基礎上，是經不起邏輯的推理和現實世界的考驗的。

租税之辨

　　最近幾年，本土電視台新聞模式有所變化，主持人在報道新聞之餘，喜歡加上自己的評論，又或邀請一些公共人士作評，抨擊時弊為民請命的形象深入人心，幾位粵語新聞主持人也因此街知巷聞。我卻對此感到擔憂，這些主持人影響日甚，卻缺乏基本的經濟學素養，容易誤導民眾。他們的評論風格都近似，不外乎「商家亂收費，政府要加強監管，盡量加大公共資源的投入」，諸如此類，從高速公路收費、私立幼兒園學費，

到便利超市、經濟適用房建設，無不如此。

高速公路、幼兒園學位、房子等，這些都是資源，因競爭而有價，屬於租的概念。而呼籲政府加大公共資源投入，其實和呼籲政府加稅無異。這恰好顛倒和混淆了租稅本來的應有之義。

這種混淆其實有着古老的傳承。租起源於地租，因為土地稀缺或者土質肥沃程度不同而產生。如果土地無限，土質均等，如明月清風，取之無禁，用之不竭，則無租可言。租反映的是稀缺與差異，從土地擴展開來，珠寶礦物、機器設備、地理環境、容貌才華，均有租值。一塊小石頭，隨處可拾，價值無幾，但如果是田黃石，則身價何止萬倍。一位女子，天生絕色，可以傾國傾城，千金難爭一顧。

而稅是國家強制收取的包含安全保衛和公共服務等在內的管理費用，軍隊、警察、法庭等均需開支。現在的小區物業管理，就近似這個概念。物業負責小區保安、環境衛生保潔、花草美化等工作，稅正可看作國家收取的「物業管理費」。

封建時代，天子分封，諸侯建國，普天之下莫非王土，租和稅是很難分清的，《廣雅》便云：「租，稅也。」租稅的明晰過程，其實就是私有產權的明晰過程。也就是說，當一部

份貴族甚至平民擁有了自己的土地後，他們交給國家的，則可以稱為稅了，而承租他們土地的佃農，每年交給他們的則是租金。南宋李心傳《建炎以來系年要錄》記有「自己之田謂之稅，請佃田土謂之租」，正是此意。

租因稀缺而起，有租的存在，無論是否壟斷，是否存在形形色色的管制，按照價格分配，仍是最有效率的規則。無關如今油價多少，也無論中石油、中石化這樣的國企是否涉及行政壟斷，租已存在，許許多多人的出價就是市價。價格管制嗎？好處不會落到消費者那裏去，而是會散失在排隊的人群中。而消除行政壟斷，減少權力管制很正確，但那是另外一個話題了。

而政府稅收方面，應該遵循從簡從小的原則。稅率過高，過於複雜，為政府規模進一步膨脹和權力擴大提供了支持。並且，根據拉弗曲線原理，稅率減少不一定導致總稅收減少。因為稅率降低，會刺激經濟活動，企業投資會增加。在過高、過於複雜的稅收體制下，無論是從政府作為守夜人的樸素思想出發，還是從稅收效率出發，如何呼籲減稅都不過份。

但如果政府收取的是資源的租金，就應該按市場價格運作，不應該管制。一般情況下，稅收是現代政府的主要收入，

比如在美國，聯邦政府收入的 45% 左右來自個人所得稅。當然也有例外，有些國家或者地區租可能反而是政府的主要收入。近於零關稅、有着自由港美稱的香港就是這樣，政府主要收入不是來自稅而是來自土地租金，即所謂賣地收入。政府是「地主」，但土地價格完全市場化。

堅持認為資源（和是否存在壟斷無關）應該按照價格進行分配的觀點，被一些人譏諷為「漲價經濟學」和權力幫兇。這些人其實正是分不清租稅之別，但凡有政府之處，便認為市場已經失效，因此沒有了價格。他們和那些以民意自居的主持人其實沒多少區別，知識的缺乏是隨意言論的根源。辨清租稅之別，有助於消除認識上的誤區，也容易看清楚許多為民請命的言論，後果其實是禍國殃民。

獅城 CEO 李光耀

　　說來慚愧，我對新加坡這個蕞爾島國一直知之甚少，早期甚至因為他們的組屋政策、鞭刑以及媒體動輒「國父」的稱呼有些反感。而最近幾年，在寫作有關香港和台灣地區的經濟評論文章之餘，時不時會看到新加坡的經濟數據，無論是 GDP 增長速度還是人均 GDP、港口吞吐量等都高居世界前列，而且城市治安、市民文明素質都可圈可點。這多少消除了我的一些無知和偏見。

李光耀去世，舉世關注。而我也多了點好奇，新加坡被迫獨立建國時的人均 GDP 僅僅 500 美元左右，華人佔多數，還有馬來人、印度人等，種族衝突矛盾隨時有爆發升級的可能。因為是分出來的一小塊地方，連淡水供應都是嚴重依賴原來的所屬國馬來西亞。

　　而到了李光耀卸任總理時的 1990 年，新加坡經濟增長了 20 多倍。據 2017 年公佈的數據，其人均 GDP 接近 5.5 萬美元。這般成績是如何取得的？我在網上找到了李光耀回憶錄，用了差不多兩個晚上快速看完了近 40 萬字的下部《經濟騰飛路》，不禁「掩卷」慨嘆，新加坡有此人，幸甚至哉！

　　批評的聲音其實不絕於耳，而且有各種派系的批評。民主派批評其獨裁，壓制言論自由，而自由市場派也批評其管得過多，例如組屋制度屬於走社會主義路線。該如何理解李光耀和他一手打造的新加坡呢？

　　在李光耀的回憶錄中，我看到他具體的一些施政路線。例如一開始設法對外開放，引入歐美科技和企業管理知識。新加坡政府做好舖墊，修建基礎設施，包括工業園區基礎工程建設，做好公路、污水、供電供水處理。

　　引入外資，必然會衝擊原有的本地工業，李光耀政府在這

點上毫不退讓，取消了對本國企業的保護，並且讓一些事業單位也擺脫政府部門控制，獨立運作。「我們毫不猶豫地做出了取消保護性關稅的決定，讓裝配廠關閉。隨後不久，我們也逐步停止保護冰箱、冷氣機、電視機、收音機和其他電氣與電子消費品的裝配廠。」「我們讓國營壟斷機構例如公用事業局、新加坡港務局和電信局獨立運作，擺脫政府部門的控制，像公司一樣以講究效率、營利和競爭力的方式經營。」

即便在發生石油危機的 1973 年，李光耀向石油公司發出明確信息，不會做任何阻止其石油出口的干預。這樣不計較一時得失的做法贏得了國際資本的信心。20 世紀 90 年代，新加坡成為僅次於休斯敦和鹿特丹的世界第三大煉油中心，以及世界第三大石油交易中心。

為了降低投資者和政府不同部門打交道的交易成本，1961年 8 月新加坡成立了經濟發展局。土地、供電供水、環境等問題一站式服務，不必跑來跑去跟多個部門打交道。我有些懷疑現在中國不少地方政府設立的行政總匯，可能就是從新加坡取經而來。

對待工會問題，李光耀也有清醒的認識，他認為工會的行為只會迫使僱主走資本密集路線，盡量購買機器，減少僱用工

人。最後只會導致小批享有特權的工會會員領取高薪，而失業者會越來越多。

新加坡這種城市小國，其實很容易走入盧梭主張的那種城邦直接民主制，因為搞一人一票的投票成本很低（當然，這裏僅僅是指表面的投票成本，不是指制度費用）。但這樣新加坡必將陷入民主的內耗中，不會有如今的成就。新加坡的成功，可以說是把整個城市國家當作一家企業來經營的成功。

上面所說新加坡的一些經濟改革措施，我們很容易從其他地方找到類似的例子，比如里根總統時期的美國、撒切爾夫人時期的英國。但也有某些獨特的地方，這和新加坡的地理位置、國民構成、國土面積等有關。相對來說，政府似乎在某些環節管得較多，這也是為市場派詬病的原因，而其中的組屋政策就是典型。

新加坡建國時人口 200 萬，約 40% 住在貧民窟和窩棚裏。為了解決居住問題，在更早之前新加坡政府就成立了隸屬於國家發展部的「建屋發展局」，建屋發展局可以無償得到政府劃撥的土地，建造組屋的資金則主要通過向政府舉借，用低息貸款獲得。

這種房子還是以發售為主，政府在土地和利率上給予優

惠。因為國土極其有限，建國初期更面臨諸多困境，政府通過這種模式把市民和國家綁在一起。而房屋的維護運作、日後交易都是市場化的，這和我們平時聽慣的廉租房有本質的區別。如今超過 80% 的新加坡市民就住在這種房子裏，更有錢的會出去購買公寓。入住這種房子以及享受低息貸款，實際上是作為「新加坡公司」員工的一種股權獲得和分紅。

對組屋制度，李光耀在回憶錄中這樣談起他的構想：「我早就在想，如何建立每個公民跟國家以及國家前途之間的利害關係。我要建設一個居者有其屋的社會。人們購買住房和租賃組屋的態度形成強烈的對比。屋主為能購買住房而感到自豪，而政府津貼的廉價租賃組屋則被嚴重濫用，維修也差。這使我深信，如果每個家庭都有自己的住房，那麼國家將會更加穩定。」

李光耀當然完全稱得上是一位傑出的經濟學家，但我認為說他就是新加坡這家大企業裏的 CEO 更為恰當。整個城市國家如同一家企業般經營，引入外國資本和技術，開放市場，講究信用，同時堅定立場，不屈服於工會勢力。為了維護整體租值，保持城市潔淨和秩序，改變市民的陋習劣習，他毫不妥協地出手。

例如，他禁止了放鞭炮這個長期延續下來的華人傳統習俗，明文規定是犯法行為，而且還完全禁止了鞭炮進口。1992年接替的吳作棟總理更連口香糖都禁止了。甚至為了防範相同種族市民聚居帶來的隱患，1989年政府還規定了同座組屋少數種族居民數量的最高限額，一旦達到限額，少數種族家庭就不能再申請購買同一個鄰里的組屋單位。

在更多的細節上，我看到煞費苦心的策劃和佈局，例如以海沙填河岸，引入不同種類的植物，為了適應新加坡條件而引入合適的工業種類。李光耀解釋說：「在其他城市，經濟情況較好的人可以搬遷到乾淨和翠綠的郊區，遠離城市受污染的地帶，新加坡的土地面積卻迫使我們在同一個小地方工作、休閒和居住。所以不論是富人還是貧民，我們都必須為他們保護環境，保持清潔和優雅。」

而他對國家福利主義和民主投票更有深刻的認識。1985年撒切爾夫人訪問新加坡，李光耀私下對她說過這樣一番話：「製造財富的人是社會中的寶貴分子，他們值得我們尊敬，並且應該有權保有他們大部份的耕耘成果……英國留下來的種種我們善加利用：英語、司法制度、議會政府和公正的行政管理。然而我們卻竭盡所能地避免走上福利國家的道路。」

香港回歸前幾年，彭定康宣佈將擴大工商、專業和其他特殊利益團體等功能組別的選民人數，使功能組別代表的所有僱員都成為合格選民。李光耀在香港和彭定康會面，在一番客套話後，私下予以提醒，認為把原本只包括專業人士或法人的功能組別範圍無限制地擴大的做法是背離功能組別的原意的。

是的，選民局限在有限範圍的專業人士處，這本身就是對民粹政治的一種約束。而英國撤離香港前，大幅提高公務員、學校教師待遇，通過擴大功能組別範圍方法玩民主遊戲，為香港埋下了福利主義和民粹政治的種子。實際後果我們今天也完全看到了。

因為華人佔大多數，所以人們難免會將新加坡和中國相比較。話說回來，新加坡面積不及中國的萬分之一，中國面臨的問題和困難會更多，不可能按照新加坡這種中央政府面面俱到的模式處理。但如果把新加坡和中國的一個權力單位「市」來比較，倒是比較合適的。那麼，當局者應該明白，讓地方政府擁有更多的自主權和自由度，促進地區競爭，這很可能會在經過了三十多年波瀾壯闊改革的基礎上，催生出千百個繁榮文明的「新加坡」。

在一些人眼裏，企業和國家是扯不上關係的兩個概念，實

際上無論企業還是國家，其本質都是合約的組合。但不同的國家面臨不同的局限條件，種族問題、工會問題、形形色色的利益團體問題，特別是所謂的西方普世價值觀影響，這些都增加了治理的困境。政治家的改革要將管理層的利益、大多數國民的利益和增進整個國家的租值方向大致保持一致，何其難矣。李光耀的傑出之處，就是從建國初期就已經做相應的策劃了。

　　一手締造了富裕、安全、文明的新加坡的李光耀去世了。並非說他的所作所為沒任何值得斟酌的地方，但是，這樣一位長時間、大幅度促進新加坡經濟進步和城市繁榮的政治家，無論質疑者如何否定甚至攻擊，他的成績與榮譽就擺在那裏，永記史冊。

國貧國富

我們知道，現代科學的進步帶來前所未有的方便和快捷，也極大程度提升了人們的生活質量。然而，仍然有一部份國家或地區，那裏的人並沒有享受到多少現代文明帶來的好處，很多人甚至還是過着衣不蔽體、食不果腹的生活。讓我印象深刻的是，曾在電視上看到一位主持人的感嘆：十年前我去過這個地區，如今再去，他們除了歲數和容貌外，並沒有什麼改變。

有些人認為這是因為他們缺乏資金，故此設法幫助他們。

穆罕默德‧尤努斯無疑是最著名的一位，這個曾獲得經濟學博士學位的孟加拉國大學教授，開創和發展了「小額貸款」服務，專門提供給因貧窮而無法獲得傳統銀行貸款的創業者，而他和他創辦的孟加拉鄉村銀行因此獲得了 2006 年諾貝爾和平獎。

而穆罕默德‧尤努斯此前在中國接受採訪時，說了這樣一番話：「我整日研究的經濟學理論，面對這些窮人的現實境遇，顯得那麼蒼白無力。我第一次感到，無視貧困、無視真實世界中人的痛苦與願望是經濟學的失敗！不能用經濟學知識去幫助窮人消除貧困是經濟學家的恥辱！」這段話，前一句是正確的，因為經濟學並不能告知人們如何脫貧。而「不能用經濟學知識去幫助窮人消除貧困是經濟學家的恥辱」這句卻讓我明白了穆罕默德‧尤努斯為何贏得的是和平獎而非經濟學獎。

穆罕默德‧尤努斯常說到的一個例子，是一個婦女從最開始借貸 30 美元開始，一步一步創辦了自己的企業。這些個別的例子，我不應該質疑，然而我對這樣的貸款，究竟能否大範圍改變一個地區的格局、提升他們的生活水平還是存疑。那些人原本的貧困，僅僅是因為他們沒有啟動資金嗎？

有一則流傳甚廣的傳聞：有人去扶貧，買了羊羔送給農戶，後來去回訪，受贈者抹抹嘴說，味道還不錯。很多人都轉述過

這個故事,帶着「爛泥扶不上壁」的嘆息。我卻有疑惑:農家不會不知道,羊羔養大後能賣更多的錢。是否有其他的因素制約,他們決定宰而食之而非繼續飼養?

我在海南政府網站一個關於扶貧的節目裏得到了類似的證實。針對關於吃掉扶貧豬苗的傳言,有知情者說確有此事,主要是因為那裏的農民不懂得養豬技術,扶貧部門送來 60 斤的豬苗,他們養了一年後只有 50 斤,所以殺來吃了。

農民並非天生好吃懶做,由於信息的缺乏,他們並不具備某種專業知識,授之以魚也只是暫時的果腹而已。孟加拉國的小額貸款,利率並不低,高達 20%,如果原來的農民僅僅是缺乏資金導致貧窮,那為何資本家不介入?事實上,追溯歷史,孟加拉國政治格局一直處於長期的不穩定之中,只有進入 20 世紀 90 年代才相對穩定。而也正是從那時開始,隨着體制的改革,孟加拉國的經濟也步入了穩定的增長期。

劍橋大學經濟學教授帕薩·達斯古普塔寫了一本名為《大眾經濟學》的書,以美國女孩貝姬和埃塞俄比亞女孩德斯塔兩人不同的境況作為引子,探討國貧國富的原因。在書後有這樣一句:在我們試圖理解為何貝姬的世界和德斯塔的世界的生活水準如此不同時,最保險的方法就是,把制度看作那個解釋要

素。如同林毅夫在為此書作的序中說的那樣，一般人關注的資本、自然資源等僅是決定一個國家貧富的表層原因，而一個國家的制度安排是否能夠最大限度地調動每個人的工作、學習、積累和創新的積極性，才是根本原因。

「制度」二字固然重要，但如果僅停留在此二字，那麼一切問題都是制度問題，說了等於沒說。而關鍵之處應該落實到合約之上，包括允許自由締約，同時也要保護合約。自由締約就是允許市場中的人，按照自己的情況訂立合約。而同時，要有保護合約的法律制度，對違約者予以懲罰。這樣才能給予人們對前景的一種穩定預期，投資、積累、創新才會有動力。

而最讓人啼笑皆非的是某些人解釋西方一些國家發達、工人收入較高的原因，是因為他們有工會，有最低工資法案保護工人權益。把這些破壞而非保護市場合約的制度解釋為國富之因，和面對「為何劉翔能在 2009 年上海國際田徑黃金大獎賽上奪得獎牌」這個問題，答曰「因為他受過腳傷，所以能奪牌」是一樣的。

明日黃花比特幣

　　弗里德曼教授的《貨幣的禍害》一書，開篇引述了石幣之島的故事。這個名叫雅浦的海島不出產金屬，石頭便成為貨幣。他們從幾百里之外的其他島嶼找到大石頭，打造成厚重的石輪，用木筏運回雅浦島，用來作為交換媒介。

　　而最令人稱奇的，是有一戶人家的財富從沒人見過，是兩三代之前的人傳下來的，說那時這家人的先祖搬一大塊石頭回來，途中遇上風暴，石沉大海，眾人所見，都承認這家人有這

麼一大筆財富，並且幾代相傳購買力一直存在。

這個故事不由得讓人想起頗熱的比特幣。雖然比特幣已經出現了近十年時間，但廣為一般民眾所知的還是因為 2017 年 11 月比特幣價格暴漲至一萬美元的媒體報道。

比特幣剛出現時近乎一文不值，首次公開交易價格是 3 美分，而三年後就創下 266 美元的最高值，隨後又暴跌六成。據 Coin Market Cap.com 的數據顯示，截至 2017 年 11 月 26 日，比特幣的總市值已經高達 1,600 億美元。比特幣是虛擬電子貨幣，用開源 P2P（點對點）技術軟件產生，雖然經歷暴漲暴跌，但還是被一些人讚許為最好的貨幣制度。

我認為這些人在比特幣上寄予美好的願景，是由於對現行貨幣制度的不滿。比特幣是貨幣嗎？既然雅浦島能以一塊或許根本不存在的石頭作為貨幣，當然我們也可以這樣認為。問題是這種毫無基礎的虛擬電子貨幣會是一個好的貨幣制度嗎？

看好比特幣的人推崇其去中心化的特點，使用遍佈整個 P2P 網絡節點的分佈式數據庫來管理發行和在線交易，不像現代貨幣那般要依賴於政府和中央銀行的信用擔保。受到算法約束的比特幣數量逐步增長，但增長趨勢越來越緩慢，按推算大概會在 2140 年左右達到 2,100 萬個的極限。

在此過程中，新貨幣的發現要靠高性能的計算機日夜運算得來，名曰「挖礦」。分佈式特性與去中心化的結構設計，確保了比特幣的總量。和現在世界各國貨幣普遍由國家統一發行強制使用相比，比特幣橫空而出，總量恆定，無人能夠控制，交易隱蔽，這些為他們所讚賞，甚至認為一勞永逸地解決了通貨膨脹問題。

　　雖然比特幣數量有限，但是人們完全可以用相似的算法創造出比特二幣、比特三幣或者張三李四幣，恆定的僅僅是名叫「比特幣」而已，這好比第四版的人民幣發行數量也是恆定的，但我們不能由此認為人民幣不存在通脹問題。

　　比特幣最大的問題是它沒有任何抵押物，沒有根本性的信用依據。有人會說，黃金成為信用，還不是因為很多人信就可以了。雅浦島上的石頭幣，主要靠的是風俗的約束，人不多，和外界基本沒什麼交流，風俗便能約束得好。但現代信息化社會絕非一座小島那樣可以靠風俗來管理。

　　人類社會很長一段時間內普遍以黃金或者其他貴金屬為貨幣，是基於對其價值認同的基礎。當然，現代國家強制推行的紙幣沒有使用價值，但卻是政府法定貨幣，無論你贊同與否，國家強制力也是信用來源的一種。沒有國家強制力，也沒有任

第五卷
雜論：經濟學
並不神秘

何價值依據，比特幣的競爭力在何處？

我們不妨看看銀票的例子。銀票發端於北宋初期，商人攜帶現錢不便，因此出現了專門幫人保管現錢的票號。票號根據收到的現金製作銀票作為依據給商人，商人提現時支付手續費給票號。這個時期的銀票其實並沒有作為流通手段，僅是存取款憑據而已。

而這讓一些票號看到了「商機」，濫發銀票，挪用存款，無法兌現引發事端。後來是政府介入進行整頓，授予一批講信譽的富商專營權。而政府也看中了裏面「有利可圖」，發行了官銀票，私人發行的銀票也並沒消亡，比如清朝就同時存在官私銀票。

可以看到，銀票一旦超過抵押物大量發行，就會引發嚴重後果。政府發行鈔票當然也一樣，惡性通脹甚至會導致政權更替。歷史上的私營貨幣難有大成，政府管制當然是一個原因，但根本性原因是解決不了大範圍使用之下急劇膨脹的信用問題。我們當然由此可以推斷，沒有任何信用依據的比特幣在貨幣史上終將是明日黃花。

名人隱私問題的本質是權利界定

　　曾有一段時間，各類媒體上諸事紛呈，你方唱罷我登場，很是熱鬧。先是某電視台上一個徵婚節目成為城中熱話，引發其他電視台跟進。繼而有「打工皇帝」稱號的唐駿學歷被揭發造假，克萊登大學的鬧劇引來口水一堆。後又有某電視台記者闖入郭德綱的住宅，引發其弟子和記者口角甚至肢體衝突。

　　正人君子會炮轟電視徵婚的低級趣味，認為那是把原本屬於私域範疇的事情曝光，何其低俗。亦有人為唐駿鳴不平，認

為「吹皺一池春水，干卿何事」？唐駿的學歷是否野雞，方舟子等人無權質疑和干涉。

種種觀點，指向的是一個詞：隱私。字面上觀之很簡單，隱私是不需和其他人交代的個人私事。然而，實際當中並沒望文生義那麼簡單，隱私問題的本質，其實就是權利的界定。

有一種錯誤的觀點，認為權利是先驗存在的。

首先，權利需要當事人自己的主張。不存在當事人自己不願意保留的權利。你把一張百元大鈔扔掉，不承認是你的，這百元大鈔不會是你的財產。當然，這種主張多數情況下是「消極」的，即是說，除非主動放棄，否則擁有。

其次，權利不高於合約。從某種意義說來，合約就是權利的讓渡和交換。比如相親是私人的事情，然而如果當事人同意，那麼完全可以變成一台面向公眾的節目。因為實際上參與電視節目，等於和電視台簽訂合約，放棄了持有這方面隱私的權利，而取得其他方面的收益。也正如此，同一件事對某人屬於隱私，但對另一個人很可能不是。某個明星去整容，八卦刊物的連篇累牘的報道，很難被追究侵犯隱私權。但如果是某個公司的白領去整容，媒體圖文並茂報道了，那是吃定了官司的。這也是合約的原因。娛樂明星因為職業的特殊性，簽訂的

合約也有特別之處。甚至身材、容貌、交際等看似是私人的事都會有具體的條款進行約束。談戀愛是一種權利嗎？不一定，和演藝公司簽了合約的女明星，為了保持其在公眾面前的純情偶像形象，很可能被禁止在合約期間談戀愛。

除了市場交易雙方直接簽訂的合約，還有大量的習俗、慣例、法規，也是權利界定的衡量準則。因為這些習俗、慣例和法規的形成，其實也和交易成本有關。一個社會通過這些習俗慣例，能有效地降低合約費用。例如，唐駿要是自己可以選擇，他肯定不願意公開自己的真實學歷，但是現在這個事情被媒體廣泛報道，引起很大的負面效應。他的學歷是否構成個人隱私而與別人無關呢？要知道，一張學歷證書並非僅僅是私人的事，學歷本身就是一種個人在社會中的身份鑒別，其對應的是一系列的應聘、取得社會身份的行為，偽造學歷等於通過造假行為在競爭中減少對手，當然屬於「公共事件」，不構成個人隱私。唐駿如果取得西太平洋大學博士證書後，束之高閣，秘而不宣，當然不會構成造假。然而，他用之於自己的個人簡歷和出版書籍上，構成了一種身份識別。這其實是一種侵權行為，侵犯了其職場競爭者、所在公司的股東等人的權利，不構成個人隱私。

權利界定清楚，哪些事情屬於或不屬於個人隱私就容易分清楚了。因此可以這樣說：權利之外即隱私。順便提一下早前沸沸揚揚的郭德綱事件，郭德綱和一眾弟子如果是去酒吧喝酒，醉態被娛樂記者拍下，登載於報端，那他只能自認倒霉，不會說記者涉其隱私侵其權利。但是記者如果未經同意，闖入他家，這屬於明顯的侵犯產權的行為了。香港八卦週刊的許多偷拍行為，就遊走於合法與非法的邊緣地帶。比如，狗仔隊對娛樂明星的跟蹤，對其住所的偷拍，這種行為如何界定並非一件容易的事情，官司也時有發生。但記者的膽子再大，也不敢不經同意翻牆進入別人的家中拍攝。

從101次「拋硬幣」裏能看到什麼?

　　一枚硬幣,連續被拋出 100 次正面,現在拋第 101 次,出現正面的概率是多少?這是許多人都曾接觸過也認為很簡單的一個問題。從科學理性角度來看,答案是很簡單的,因為概率論告訴我們,第 101 次正反面出現的概率是一樣的,和前面拋了多少次無關。

　　然而,如果把這段文字描述的問題置於真實世界的場景之中:你看到張三在拋硬幣,連續拋出了 100 次正面,現在張三

繼續拋。這次會出現正面還是反面？恐怕大多數人腦海中會毫不猶豫地認為第 101 次很可能也是出現正面。當真實世界被概括和抽象為有限的文字描述之後，形成了其他條件不變的基本假設，可能會疏漏了一個信息：人們會不會作弊？這個硬幣是日常所用的那種國家標準貨幣嗎？

一旦將命題置於真實世界中，我們肯定會考慮其他因素的影響。

當看到一個人連續拋出 100 次正面，我們會想這枚硬幣多半和《至尊無上》裏劉德華所用的那枚硬幣一樣，或會揣測這枚硬幣可能經過特殊加工，重心有問題，導致總是正面向上。

新制度經濟學家常常批評那些脫離現實世界的經濟學為「黑板經濟學」，例如科斯就說：「當經濟學家發現他們不能分析真實世界裏發生的事情的時候，他們就用一個他們把握得了的想像世界來替代。」「黑板經濟學」家會告訴你，硬幣有兩面，拋一次出現任何一面的機會都是 50%。所以，當看到張三在拋第 101 次硬幣的時候，他會說，50% 機會出現正面，50% 機會出現反面。模型沒錯，推理也是對的，但是忽略了局限條件。

忽略了真實世界約束條件的命題，是數學，是邏輯學，但

和經濟學無關。而究竟是哪些約束條件影響了結果，這就是經濟學所要致力研究的問題。在「黑板經濟學」裏，前面的 100 次正面是一個毫無用處的信息。而在真實世界的經濟學裏，前面 100 次是一個重要的信息。雖然事實不能用來解釋事實，前面 100 次正面不能構成第 101 次是正面的原因。然而每次的拋擲，都是一個實證例子，可以用來推測影響結果的現實因素，這些現實因素很可能會推翻原本的命題。「黑板經濟學」的模型可能複雜精巧無比，推算論證過程可能讓人嘆為觀止，但放諸真實世界，很可能得出錯誤的結論。在拋硬幣案例中，由於約束條件的變化，「拋硬幣出現正面的概率為 50%」這個命題最後很可能會變成「兩面都是正面的硬幣，拋出正面的概率為 100%」。

我們走出這個虛構的例子，來看看歷史上這樣一個事件。第二次世界大戰期間的德國，納粹黨四處搜捕猶太人送往集中營。賈迪・波德默老人召集家人商討對策，決定向人求助。而在「應該找誰」的問題上則出現了分歧，他的兩個兒子認為應該向銀行家金・奧尼爾求助，因為波德默家族有恩於他，他也曾多次表示要予以回報。賈迪・波德默老人卻認為應該向木材商人拉爾夫・本內特求助。波德默家族多次受過他的幫助，才

有了今天的家業。後來大兒子艾森·波德默去找木材商，二兒子改去找銀行家。最終大兒子在木材商的幫助下逃過大難。那個受過波德默家族恩惠的銀行家，則出賣了他們。固然知恩圖報是一種公認的基本道德標準，如果遇上小困難，他們去找這個銀行家，無論銀行家幫與不幫，問題都不大。但是，那個時刻不允許試錯。

從經驗主義角度來看，「木材商曾經給予他們多次無私的幫助」無疑是比「銀行家不曾幫助過他們」更值得選擇。如同拋硬幣，連續出現 100 次正面，第 101 次也出現正面的機會很大。在性命攸關的時刻，賈迪·波德默老人有着經驗主義的現實智慧，大兒子因此得以逃出生天。我們不能想當然認為銀行家會報恩，也不能想當然地用「拋硬幣出現正反面概率一樣」的文字去推測世界。

多年前，著名學者張志揚在書中寫道：「我的經歷向文字轉換時有苦於表達的失重狀態。」「苦難向文字轉換為何失重」的問題發人深思，也說明了文字無法涵蓋和把握現實世界的所有細節，而很可能，「魔鬼就在細節當中」，這是致力於真實世界研究和解釋的人不應該忽略的。

蓋茨勸捐與子貢贖人

早前，比爾．蓋茨和巴菲特來到中國舉行慈善晚宴，因為蒙上「勸捐」的面紗而頗受關注。這兩位超級富豪在各自的市場上縱橫捭闔冷酷無情，但卻捐出自己幾乎所有的財產成立慈善基金，用於世界範圍的扶貧助困。這兩種看似矛盾的觀念，其實恰恰反映出一個鼓勵公平競爭的社會也能鼓勵慈善行為。

而這兩人聯手推動的一項史無前例的計劃，旨在督促美國的幾百位頂尖富豪，如同他們一樣，捐出自己多數財產用於慈

善事業。如果得償所願，他們將至少募集到 6,000 億美元天文數字的慈善基金。他們更是雄心勃勃地將計劃擴展到其他國家和地區，此前他們來到中國，游說中國的富豪。

他們捐出自己幾乎所有的財產成立慈善基金，用於非洲艾滋病治療等慈善事業，這當然是好事一樁。但是以此勸捐他人，以己之善高標於他人，卻很可能會好事變壞事。如果說他們能夠傾己之所能做慈善，是一個道德高尚的人，那麼某位富豪連 50% 的財富也不願意捐出，這是不是等於說他的道德肯定好不到哪裏去？

我們不能說捐了所有財產的比爾·蓋茨就比捐了一部份財產甚至完全不捐的人品德高尚一些。慈善不應該拔高到一般人都無法承受的地步，否則只能讓人退避三舍。

類似的例子其實歷史早已有之，《呂氏春秋》記載的子貢贖人就是一個。當時的魯國有法律規定，魯國人救贖在國外淪為奴隸的同胞回國，可以找政府報銷贖金。孔子的弟子子貢一次出遊外國，贖了一個人回來，但不願意去國庫領取贖金。孔子不但不表揚他品德高尚，反而批評他的不是，認為他去領回贖金毫無損害其品行。但是如果拒絕領取，則樹立了一個很壞的榜樣，人們日後在外面見到淪為奴隸的同

胞，不會再贖回來了。

孔子的時代早已遠去，現代社會對經濟制度運作的認識當然也是今非昔比。市場交易是提高雙方福利的行為，企業家積累了巨額財富，是因為他們提供了大量的產品或服務，增進了消費者的福利。比如身家高達數百億美元的比爾‧蓋茨，其主導開發的窗口軟件讓電腦走進千家萬戶，極大地提高了人們的生活和工作效率。

用孔子的話來說，比爾‧蓋茨是否捐獻自己的財產，絲毫不影響他的品德。魯國人救回自己的同胞，國家給以報銷，是鼓勵這種行為的制度安排。比爾‧蓋茨開發的軟件在市場中勝出，賺取的巨額財富就是他們的回報，這是市場制度的安排。

把慈善和道德的標準定得過高，非但無益於善事，甚至對市場本身的運作可能也是一種破壞，容易讓人對財富產生兩極情緒，或為了賺錢置法律和契約精神於不顧，或動輒云「罪惡的阿堵物」，追溯資本主義的原罪。有些地方的制度就值得借鑒，如日本法律規定接受物品返還的人，應該向拾得者給予物品價格 5-20％的酬金。德國、瑞士等地方也有類似的規定。

做個最能澤被蒼生的慈善家其實非常容易，偷偷把自己的錢付之一炬，就能幫助到其他人。當然沒人會這麼做。惻隱之

心人皆有之，但也需要制度的協助：切實保護好私有財產，不仇富，不逼捐，不勸捐。倘若把道德標準高高架起，超過大多數人能接受的範圍，這是一種立聖的行為，只能讓多數人等而下之，並無助整體道德水平的提高。

薩拉的試驗

　　在網絡上我們經常會碰到抵制某國商品的聲音，例如「如果中國人一個月不買日貨，日本將有數千家企業面臨破產。如果中國人六個月不買日貨，日本將有一半人失業。如果中國人一年不買日貨，日本經濟結構將徹底瓦解」。這是欲斷己一指而傷彼五指的心態，反映出來的是在國際貿易知識上的無知。當然，他們大抵上是口號式的情緒宣洩而已，很少有人會從自己做起付諸實際行動。

有一位女記者不同，她並沒有慫恿或勒令別人應該抵制某國商品，而是自己親力親為。大概是 2004 年，這位名叫薩拉的美國女記者發現收到和送出的聖誕禮物大多貼着「Made in China」的標籤，而檢索身邊所見所用幾乎都是中國製造，心血來潮之餘，她決定嘗試一個為期一年的抵制中國貨的行動。她為此說服了丈夫和孩子，一家人進行嘗試，看一年內不用中國貨，美國人能否生存下去。她的試驗寫成了一本暢銷書《離開中國製造的一年》。

　　由此她的生活起了很大變化。為了拒絕隨處可見九美元的中國鞋，她輾轉花費了兩個星期才為四歲的兒子維斯購買一雙產自意大利的運動鞋，並且價格是中國的 7 倍多。因為找不到非中國製造的人道捕鼠器，只能任由老鼠肆虐。兒童玩具、墨盒、DVD 機、太陽鏡等，尋找這些很普通的商品現在都成了一種困擾。孩子們感到失望，掰着指頭期待一年期限的到來。

　　這就是抵制中國製造的後果。當然，這只是薩拉家庭內部的一個試驗，後果也自己負擔。而在此過程中，她也留意到媒體報道的中美貿易導致本國崗位減少的問題。「我在報上看到，過去四年中國獲得了 800 萬個製造業崗位，與此同時，有幾百萬個美國人和歐洲人丟了工作」。

很多人抱有類似的憂思：如果中國貨繼續攻城掠地，越來越多的商品 Made in China，那麼不是表示越來越多的美國人沒事可做了嗎？

　　這種觀點其實有着邏輯上的不可調和性，設想一下推到盡頭，全部美國人都不幹活，還源源不斷地有中國貨物運過來，豈非是神仙樂事？要知道，貿易是互通有無的行為，賣得越多，也意味着買得越多。美國越來越多中國製造的同時，其實中國也越來越多的美國製造。由於比較優勢不同，各有擅長而已。除非有人願意辛勤工作，僅僅是換回他國的紙鈔來欣賞。

　　當然，美國會有部份人受到比較優勢下的國際競爭衝擊，會導致租值減少。對投入了資源做鞋的人來說，因為面臨競爭，的確有損失。然而，由於廉價商品的大量進入，生活成本降低，真正的收入其實還是增加的。一個人月薪 4,000 美元，本來要花費 60 美元買一雙鞋，現在中國貨只需要 9 美元。這些人可以改行去從事其他行業，如果工資向下調整，比如月薪降到 3,000 美元，他們能夠買到的東西也是比用本國貨的時候大為增加的。也就是說，外來廉價商品進入，等於大幅度降低了物價，即便名義工資降低一些，福利還是增加了的。然而，這些行業會形成工會勢力，禁止降薪，並且施加政治影響，支

持通過針對中國的反傾銷法案。其後果就是保留了沒有競爭力的行業，大多數人因此受損。

　　薩拉的試驗一年後終止了，她的丈夫和孩子很開心，可以繼續購買到價格低廉、種類繁多的中國貨了。這說明要抵制某一個國家或者地區商品的困難，人性自私，總希望享受得最多，這是需求定律。然而，包括高額關稅、貿易管制、反傾銷等的貿易壁壘在許多國家都不鮮見，這裏有知識上的誤區，更主要的是利益團體的壓力。

塞翁失馬不是福

　　淘氣的小孩踢球時打碎了旁邊窗戶的玻璃，房主當然很惱火。有人說，這不一定是壞事，因為玻璃工人不至於失業。玻璃工人的確因此有事可幹，但房主卻蒙受損失。巴斯夏駁斥道：「你沒有看到的是，如果他不用修補這扇窗戶，那麼，或許就可以換掉自己的舊鞋，或者給自己的書架上再添一本新書。」

　　所謂破窗理論的荒謬本應不難發覺，然而類似的言論在我們身邊卻比比皆是，這倒是值得思考的。洪水沖壞了小鎮，他

們會説，小鎮有了重新規劃和建設的機會，會比以前更合理、更美麗；地震導致樓房崩塌，道路損毀，他們説重建需要大量的水泥、鋼材和其他物資，各種行業會受刺激而振興，經濟會因此復甦；美國遭受「9‧11」恐怖襲擊，他們又説，美國人空前團結，原本委靡的經濟環境或得到改善，並且在國際上的領導地位又大大增強。一言以蔽之，都説是因禍得福。

我以為，國人相信這些謬論，是因為故事的原型其實在中國，並且早已經街知巷聞。《淮南子》裏的這個故事，其實便是老子「禍兮福之所倚，福兮禍之所伏」思想的演繹。

「因禍得福」這個詞的結構可能亦是容易讓人思維混亂的原因之一，人們易將之解釋成「因為遭受禍，所以得到福」。網絡搜索，《史記》有云：「越王勾踐棲於會稽，復殘強吳而霸天下，此皆因禍為福，轉敗為功者也。」勾踐如果早有志氣，何必要等到困於會稽臥薪嘗膽圖奮發？由此，因禍得福之因，不應解為「因為」，而應該和「因勢利導」之「因」相同，作「順着」「從」之意。因禍得福僅僅表示從禍轉向福的過程，不包含任何因果關係。這樣理解，才不會陷入福兮禍兮分不清的糊塗境地。

「塞翁」們屢有新説。高速公路經常塞車，在運力受到約束的情況下，減少耗散的最優模式無疑是靈活運用價格手段。

然而也有人認為，塞車了不一定有損失，有些人因此有機會觀賞一下風景，他們的時間反正也不值錢，閒着也是閒着。春節期間火車票難買，有人説不能價格調節，因為有些民工時間成本為零甚至是負數，這樣的話不由讓人啞然失笑。時間成本為負數，意味着排隊對某人來説，是一種享受和收入。

堵車中無意欣賞到絕佳風景，排隊買車票的過程中突然感到很高興，這些都如塞翁之馬走失卻帶回了另一匹馬，並不表示「失馬是一種收入」。你可以祈禱車堵在一處絕佳景色之處，也可期盼排隊的時候意外撿到寶物，但並不代表你的時間成本是零甚至負數。利率永遠大於零是由於人性不耐 [1]，這是費雪《利息理論》的核心表達。

塞翁失馬焉知非福的話，唯一的用途是用來安慰別人不要去尋死覓活，未來會有轉機。這樣似是而非的言語，對經濟學思維毫無助益。用經濟學的邏輯來看，塞翁失馬是真真實實的損失，而失馬帶回另外一匹馬，那是意外盈利（windfall profit），顧名思義，純屬意外，兩者不存在因果關係。並且，我們同時要如巴斯夏那樣清醒：看得見的是塞翁多了一匹馬，看不見的是胡人損失了一匹馬。

---

1 人們希望提前享受的不耐心情。

末日經濟學

　　在瑪雅人預言的世界末日前夕，據美國科學網站報道，一顆直徑為 5.4 千米的小行星在距離地球 690 萬千米處，以 3.5 萬千米的時速高速掠過。對這個消息，當時網友調侃：以這個時速走完 690 萬千米，到達地球剛好是 8 天多，也就是 12 月 21 日一早，正吻合傳說中的瑪雅人預言中的世界末日。

　　好萊塢對末日話題不乏想像力，電影《2012》裏地裂山崩的鏡頭讓很多人記憶猶新；國內某城市人們慌忙去搶購蠟燭，

因為相信會黑暗三天的消息；網絡商家也嗅到商機，推銷着末日船票、末日裝備避難包、末日 T 恤等商品；有公司更趁機放末日假期⋯⋯

這種由於行星撞擊、瑪雅預言等構成的末日論，人們大多是作為娛樂上的消遣，真信者不多。而另一種末日論卻大有市場，當中甚至不乏著名科學家。這種論點不是基於外來因素，而是認為人類本身不斷膨脹的人口、有限的資源以及日益受到污染的自然環境，人們會自我毀滅。

1972 年歐洲學術團體羅馬俱樂部發表名為《增長的極限》的報告，認為由於石油等自然資源的供給是有限的，經濟增長不可能無限持續下去，因此必然會面臨世界性災難。這本書累計銷量高達 3,000 萬冊，在全世界挑起了一場持續至今的辯論。

斯坦福大學生物學家保羅・埃利希曾寫過《人口炸彈》和《富裕的終結》等書，悲觀地預言人類前景，「1985 年以前，人類將進入一個匱乏的時代。在這個時代，許多主要礦物供開發的儲蓄量將被耗盡。」他曾預言 20 世紀七八十年代，會有數以億計的人因大饑荒死去。

而經濟學家朱利安・西蒙則對前景表示樂觀，他認為人類社會的技術進步和價格機制會解決各種問題，資源不會枯竭，

價格不但不會大幅度上升，還會下降。兩人由此打賭十年後金屬價格或升或降，各以假想方式購買了價值 1,000 美元的五種金屬，如果到時扣除通脹因素價格漲了朱利安‧西蒙要補償漲了的價值給保羅‧埃利希，否則相反，保羅‧埃利希要補償給朱利安‧西蒙所跌值。

結果，朱利安‧西蒙收到保羅‧埃利希寄出的 576 美元。雖然這十年世界人口增加了 8 億，但是他們選擇的這五種金屬價格全部都有下降，有些降幅甚至超過一半。而石油能源也一樣，從 20 世紀 80 年代開始一直到 20 世紀末，除了因局部戰爭造成突發性上漲外，價格總體趨勢卻是不升反跌的。

這也帶來一個有趣的現象，經濟學家一般會比科學家更樂觀。當然，200 年前的馬爾薩斯是例外。雖然現實中累次證偽了他們的預言，但是類似說法總是層出不窮。按照他們的說法，由於技術發展不可能跟得上資源的消耗，所以人類早已經滅亡了。一開始，他們說土地有限，養活不了這麼多人，但是後來人口多了不少，農業從業人員卻大幅下降。比如在過去 200 年裏，美國農業人口比例從接近 50% 下降到 1%，也早已不存在所謂的溫飽問題了。其他發展中國家農業人口也在不斷下降。

農業上的謊言破滅後，末日論者又轉到了工業，他們認為工業的基礎石油儲藏量有限，遲早用完，有些甚至計算出幾十年就可以用完。然而，隨着現代勘探技術的發展，越來越多的儲藏被發現，並且核能、太陽能等也得到更廣泛的應用，人類未來技術完全可以找到新能源替代物。根據報道，日本將在2030年前在太空建造太陽能發電站，通過激光束和微波將電能傳送回地球，實現日本清潔能源無限化的夢想。而相關的技術研究，國內也已經開始有企業加入。

相信未來某天，人類完全可以解決目前所謂的能源問題，傳統的石油、煤炭等甚至會被徹底拋棄。科學家受到一個時期的技術約束，從而易發悲觀之論，而經濟學家卻知道市場制度的威力，某種能源價格大漲，利潤鼓勵之下，人們會想方設法去尋找替代物，糧食也是如此，沒有什麼是不可替代的，這也促進了各種技術創新和突破。當然，這需要一個能夠保護個人自由和產權的制度，財富能夠積累，人們才有探索的動力。